LÉON BLANCHIN

Blessé rapatrié

CHEZ EUX

SOUVENIRS DE GUERRE
ET DE CAPTIVITÉ

PARIS

LIBRAIRIE DELAGRAVE

15, rue Soufflot, 15

CHEZ EUX

Léon BLANCHIN

BLESSÉ RAPATRIÉ

CHEZ EUX

SOUVENIRS DE GUERRE
ET DE CAPTIVITÉ

Ouvrage honoré d'une souscription du Ministère de l'Instruction publique

DEUXIÈME ÉDITION

PARIS
LIBRAIRIE DELAGRAVE
15, RUE SOUFFLOT, 15

CHEZ EUX

VEILLE DE COMBAT

25 août 1914. — Depuis une dizaine de jours nous tournons dans la région située entre Douai et Cambrai. Nous avalons des kilomètres, nous suons sang et eau ; tous les jours, toutes les nuits nous entendons au loin gronder, sans arrêt, le canon. Nous avons l'impression d'être en manœuvre.

Bien que, par les journaux, par des paysans qui fuient, nous ayons appris l'invasion de la Belgique, le recul de l'armée franco-belge, nous sommes loin de supposer que nous sommes à la veille de nous trouver face à face avec les Allemands.

Depuis deux jours nous sommes cantonnés à Saint-A... En avant de ce village, nous avons creusé des tranchées à la hâte, organisé sommairement la défense. Subitement l'ordre arrive de nous replier sur Cambrai. Nous partons vers 11 heures. Sans nous arrêter, nous traversons des villages. Les habitants paraissent désolés de nous voir reculer. Ils ne connaissent pas encore

toute la vérité. Déjà, cependant, l'exode commence. Des gens passent, fuyant l'invasion, emportant quelques hardes réunies à la hâte. Ils
vont droit devant eux. Des femmes, les yeux
hagards, traînent leurs enfants dans de petites
voitures ou les portent sur les bras. Elles vont,
criant : « Les Prussiens ! »

De vieilles femmes, des vieux, le dos courbé
par l'âge et la fatigue, se hâtent sur la route.
Parfois, ils jettent derrière eux un regard rapide,
désespéré, un regard d'effroi.

Dans les villages, les gens qui demeurent nous
donnent à boire, à manger. Une vieille maman
me force à gober un œuf et à boire un verre de
vin. « Gardez la bouteille, dit-elle, je donne tout
ce que j'ai, je ne veux rien laisser aux Allemands. »

Après une marche rapide et exténuante, tout
couverts de poussière, tout mouillés de sueur,
nous arrivons au village de T...-l'E..., situé sur la
rive gauche de l'Escaut.

Il se met à pleuvoir à torrents. Sous la pluie
battante, nous attendons les ordres. A la nuit
tombante nous apprenons que nous devons can-
tonner ici. Des postes sont placés pour garder les
issues du village. Les Allemands en effet sont
signalés. Tant bien que mal nous préparons la
soupe sous un vieil appentis, à la lueur de notre
falot. Nous n'avons pas le courage d'attendre que
la viande soit cuite, nous tombons de sommeil.
Tout équipés, le fusil entre les jambes, nous nous

endormons, pas pour longtemps, hélas! Nous avons en effet plusieurs alertes. A tâtons, dans l'obscurité, nous prenons nos affaires. Dans le ciel tout noir montent des lueurs d'incendie. Des fermes, des villages brûlent à quelques kilomètres de nous. Nous nous recouchons pour nous relever quelques instants plus tard. La nuit se passe ainsi dans une attente énervante.

ques, ne manies pas la hache onze heures d'af-
filée. Sois indulgent !...

Donc, enthousiasme, délire... On demande une
corvée pour aller chercher les paquets à la gare.
Tout le monde se précipite. Cependant, comme
des chevaux font le service du camp et qu'il s'agit
de centaines de colis, nous sollicitons le prêt d'un
quadrupède. On nous le refuse... Tant pis ! La
faim stimulant les énergies, nous nous attelons à
une vieille guimbarde et poussons de toutes les
forces qui nous restent. Les roues s'enfoncent dans
la vase. Pâles de fatigue, car nous en sommes au
point où l'exercice pâlit le visage, nous parvenons
à la gare.

— Voici le vagon ! nous dit le chef.

Il ouvre la porte... Horreur ! Une odeur infecte
empeste l'air... Nous nous regardons, consternés...
Tout est pêle-mêle, moisi, pourri... Un tas d'ordu-
res ! Par ordre, nos colis avaient été saccagés, les
boîtes de conserves éventrées et cela depuis un
nombre de jours tel que leur contenu était en complet état de putréfaction.

Ne donnons pas aux Allemands, même maintenant, la joie d'analyser notre désespoir. Pour expliquer ces inutiles cruautés il suffira, pensons-
nous, de traduire une circulaire de Berlin dont
nous pûmes obtenir le texte par des moyens qu'il
est inutile de dévoiler ici.

COMMENCEMENT DE COMBAT

26 août 1914. — De très bonne heure nous sommes debout. Le temps s'est remis au beau. Tout est calme et tranquille. Peu à peu le village s'éveille, des groupes d'habitants se forment où l'on discute ferme. Des bruits contradictoires circulent; pour bien dire nous ne savons rien.

Patiemment nous attendons, à l'abri derrière les dernières maisons du village. A notre droite le chemin tortueux dégringole en pente rapide jusqu'à l'Escaut qui coule sous un rideau de grands arbres. Devant nous s'étend la plaine, un peu mouvementée, suffisamment boisée cependant pour nous empêcher de voir bien loin. A trois ou quatre cents mètres de nous se dresse une ferme isolée. Le capitaine donne l'ordre d'aller la visiter. Nous partons en patrouille, quelques camarades et moi. Le fusil à la main, l'œil aux aguets, nous avançons prudemment. Nous nous abritons derrière les tas de blé, nous rampons dans les champs de betteraves. A chaque instant nous nous attendons à entendre siffler les balles.

Nous faisons le tour de la ferme, nous la visitons.
Rien. Tout est vide. Notre mission est terminée,
nous revenons au village.

Une autre patrouille est partie. Nous attendrons
quelques heures, anxieux et énervés. La campagne est bien tranquille cependant et rien ne
fait présager l'heure proche du combat. Nous recevons l'ordre de rentrer au cantonnement et de
préparer le déjeuner. « Ce ne sera pas pour aujourd'hui », nous a-t-on dit. Et pourtant, la veille,
un taube nous a suivis pendant un certain temps.
Il nous a comptés sans doute et, après nous avoir
bien repérés, il s'en est retourné dans ses lignes.

Et ce n'est pas tout. Hier au soir, un ordre
est arrivé : nous devions être prêts à résister
jusqu'au bout à quelques milliers d'Allemands
signalés comme voulant forcer le passage sur
l'Escaut. Combien sommes-nous pour cela? Un
bataillon de territoriaux, mille hommes avec leurs
fusils. Les paysans qui fuyaient ne nous ont-ils
pas dit que l'ennemi approchait? Les incendies
de cette nuit n'étaient-ils pas une preuve que les
Barbares étaient dans le voisinage?

Nous n'avons plus aucun doute à cet égard et
nous nous attendons à être attaqués d'un moment
à l'autre. Il nous faut toutefois songer à notre
déjeuner. Celà nous distraira un peu et dissipera
le malaise qui nous oppresse, chassera l'appré-
hension d'un premier combat. Une brave femme
nous vend des œufs. Le charcutier du village a
fui, laissant sa boutique ouverte. Une voisine

nous coupe des côtelettes. Pour compléter le menu nous ouvrons une boîte de sardines que j'ai sortie de mon sac.

Nous sommes quatre, attablés chez notre marchande d'œufs qui est assez aimable pour nous préparer la cuisine. Nous déjeunons tout en causant des événements qui se préparent. Sur le point de nous battre, nous pensons à la petite ville de province où nous supposions, étant territoriaux, devoir rester pendant quelques mois. Nous parlons des parties de pêche que nous avions projetées. Hélas! nous sommes loin de la Mayenne et de ses jolis coins pleins de verdure.

Et puis, en nous-mêmes, sans oser rien dire de peur de nous troubler, nous pensons aux nôtres, à notre femme, à nos enfants. Alors la conversation tombe, une gêne pénible pèse sur nous. Le déjeuner est sur le point de se terminer. Les sardines, les œufs ont disparu. Nous attaquons les côtelettes, des côtelettes cuites à point, appétissantes.

Pan! pan! pan! pan! Des coups de fusil se font entendre, des coups que répercute l'écho de la vallée. « Aux armes! » crie-t-on au dehors. Nous nous dressons subitement, nous nous regardons. L'heure est arrivée. Machinalement, à la hâte, nous mangeons une dernière bouchée. L'appel aux armes est répété. Notre cantonnement est de l'autre côté de la route. Nous avons vite fait de saisir le sac, le fusil. En un clin d'œil **nous sommes équipés. Nous suivons l'adjudant** et nous prenons un chemin qui nous conduit à l'Escaut. Quelques minutes plus tard nous sommes postés en tirailleurs sur les bords de la rivière. Couchés à plat ventre dans un jardin planté de betteraves, nous nous cachons derrière les buissons et les arbres. Devant moi est un groseillier encore couvert de quelques fruits rouges. Je n'avais pas eu le temps de manger mon dessert, le voici à portée de ma main. Les coups de feu ont cessé momentanément. C'était une escarmouche d'avant-garde.

Tout à coup, là-haut, tout là-haut, un taube est revenu. Il plane lentement, examinant nos positions. « Cachez-vous! » crie le capitaine. Nous nous ensevelissons sous les buissons, sous les feuilles des betteraves. Quelques camarades tirent sur l'aviatik. A quoi bon! A la hauteur où il est, il se moque de nos balles. Ordre est donné de ne plus tirer. A notre droite, à quelques centaines de mètres de nous, une patrouille française traverse le pont que nous sommes chargés de défendre. Elle s'avance, de l'autre côté de la rivière, à travers les tas de bois amoncelés sur la rive. Après avoir exploré le terrain, elle revient sur ses pas, rapportant un trophée : la selle, la lance d'un uhlan dont le cheval a été grièvement blessé tout à l'heure. Le uhlan s'est enfui. Sa monture agonise. Nous la voyons qui soulève péniblement sa tête qu'elle laisse retomber lourdement. Pour nous c'est la première image de la guerre, et nous en sommes attristés.

« Les voilà! les voilà! » crie-t-on tout à coup près de moi. Derrière le cheval qui se meurt au bord de la route, il y a une clairière entre deux bois. A quatre pattes, à plat ventre, pour ne pas se faire voir, les Allemands essaient de franchir la zone dangereuse. Leur uniforme gris se confond avec la terre, avec l'herbe, avec le feuillage des arbres. Nous voyons quelque chose grouiller, nous les devinons plus que nous ne les apercevons. « Feu à volonté! » crie le capitaine. Pan! pan! pan! pan! La fusillade recommence. Y en a-t-il de touchés? Nous ne savons pas. Tout à coup, autour de nous, des sifflements, brefs, fréquents. Les Allemands nous répondent. Pfuit! pfuit! pfuit!

Oh! les affreuses mouches, invisibles, au bourdonnement rapide et affolant! Des camarades tombent. Les uns poussent un grand cri, puis se taisent, ils ont été tués sur le coup. D'autres se plaignent en se tordant à terre.

« L'adjudant est tué d'une balle au front, » me crie mon voisin. Je ne réponds rien, je tire toujours, visant bien les bois d'en face d'où nous vient une pluie de balles.

Je serre les dents, je broie ma pipe qui n'a pas quitté ma bouche. Je tremble un peu. Est-ce la peur, est-ce l'énervement? J'en suis à mon premier combat, j'entends pour la première fois siffler les balles, j'entends pour la première fois les plaintes, les cris, les appels des blessés et des mourants. Ce sinistre tableau trouble la pensée, jette le désarroi dans l'âme effarée. Comme les autres, j'ai le trac. Et toujours continue le bruit sec de la balle qui passe, bruit comparable à celui que rendrait la corde pincée d'un violon, et toujours, sous mon nez, tombent des branches cassées par les projectiles !

Je me raidis, je me dispute avec moi-même, je lutte contre cette impression désagréable, envahissante. « C'est idiot d'avoir peur, me dis-je, tu y es maintenant, il faut te battre, tu risques d'être tué, c'est vrai, mais au moins sois calme, arrange-toi pour en tuer le plus que tu pourras. »

Il n'y a rien de tel pour dominer la peur que de se parler ainsi à soi-même. On risquerait autrement, dans ces circonstances tragiques, d'être aussi mou qu'une chiffe.

C'est fini ! L'impression première du baptême du feu est passée. J'ai rejeté loin de moi la peur qui rend les hommes sans bravoure et sans force. Je vais pouvoir rire au bruit des balles, au fracas du canon.

« Ordre de se replier, » nous crie-t-on.

Nous voilà partis à travers les rues du village devenues désertes. Les habitants se sont réfugiés dans leurs maisons. Les balles sifflent toujours. Nous nous dirigeons vers la ville de C... Nous suivons une route qui longe l'Escaut. Elle est accrochée à flanc de coteau. A notre gauche, au fond de la vallée, coule la rivière. A notre droite des champs s'étagent en pente douce. A deux cents mètres environ à notre droite commence le plateau. A notre gauche, au-delà de l'Escaut, il y a des arbres, de grands arbres au milieu desquels se cache la grande route. Tout à coup, de ce côté, une lueur, puis un coup de tonnerre, puis un ronflement sinistre. C'est le canon qui se met de la partie. Les Allemands, empruntant la grande route, nous suivent et nous mitraillent.

« Couchez-vous, » crie un officier.

Nous voici à plat ventre. L'obus passe au-dessus de nous, il va éclater un peu plus loin. Nous constatons déjà, grand bonheur pour nous, que les Allemands tirent mal.

Jusqu'au village de R..., situé à quelques kilomètres plus loin, ce sera une marche fatigante, rapide, interrompue par de nombreuses chutes brusques sur le ventre chaque fois qu'un obus nous arrive. Nous tentons bien de tirailler un peu, mais notre feu est inutile.

Voici un hameau sur la route. Nous nous reposons un peu. Je regarde avec admiration un lieutenant qui, debout, la lorgnette à la main, observe les bois d'en face.

« Couchez-vous, mon lieutenant, lui dis-je. — Je vois mieux comme cela, » répond-il simplement.

Et cependant la mitraille fait rage. Le sifflement des balles, le ronflement plaintif des obus, tout cela forme une musique désagréable à laquelle nos oreilles commencent pourtant à s'habituer.

FIN DE COMBAT

Nous voici enfin au village de R... Allons-nous continuer notre route sur la ville de C... vers laquelle se dirigent les Allemands qui marchent à notre gauche? Allons-nous obliquer à notre droite et tenter de nous échapper par un chemin qui semble encore libre? Allons-nous rester ici pour organiser la défense? Attendons!

Nous continuons notre route sur la ville de C..., paraît-il. Nous traversons donc le village. A peine sommes-nous sortis que des coups de feu nous accueillent. Les Allemands, qui nous harcelaient sur la gauche, nous ont devancés. Ils ont traversé l'Escaut un peu plus loin et maintenant nous barrent la route. Cette fois nous les voyons de près. Nous sommes à deux ou trois cents mètres 'es uns des autres. Nous nous abritons comme nous pouvons. Je suis à plat ventre dans l'herbe d'une prairie, je me cache derrière un arbre.

Le bourdonnement de la ruche a recommencé. Je n'ai plus peur maintenant, c'est le premier pas seul qui coûte. Quelle heure est-il à présent?

Depuis combien de temps bataillons-nous? Je n'en sais rien. Nous n'avons pas le loisir de nous occuper de cela.

Lentement, les lignes allemandes s'avancent. Comme là-bas à T...-l'E... nous les devinons mais nous les distinguons mal. Le feu est de plus en plus nourri.

Notre capitaine a sans doute jugé que notre position n'était pas bonne. Il nous donne l'ordre de nous replier sur la place du village. Nous obéissons. Un obus éclate au-dessus de nous. Un de nos camarades tombe ensanglanté, le front fendu. Quelques détours par les ruelles. Nous passons près de l'église. Nous voici maintenant installés dans un long fossé qui contourne la grande place. C'est une tranchée de fortune.

Le feu a cessé momentanément. Les Allemands ne sachant ce que nous sommes devenus, craignant une embuscade, avancent prudemment.

On se croirait presque aux manœuvres. Comme elle est jolie cette place toute plantée de grands arbres, avec son frais tapis de gazon vert! Comme elles sont gracieuses ces maisons qui se pressent tout autour, dominées par le haut clocher pointu de l'église!

Non, ce n'est pas possible, ce n'est pas la guerre! Tout est si calme ici, dans ce village qui paraît endormi, sur cette place déserte où l'on n'aperçoit que deux voitures abandonnées, dans ces maisons aux volets bien clos et derrière lesquels cependant tremblent de braves vieilles, des femmes en larmes, des enfants apeurés.

Tout est calme! Pas pour longtemps.

Les Allemands sont maintenant dans les jardins, dans les maisons en face de nous. Ils nous ont vus. La fusillade recommence. Les balles sifflent, c'est une véritable pluie. Les obus

Jour de bataille.

passent, fauchant les arbres qui s'abattent avec un long craquement. Des maisons sont défoncées, des granges prennent feu. La mairie est déjà toute trouée.

Je rêvais tout à l'heure. C'est bien la guerre, l'atroce guerre! Je crois, ma foi, que j'oublie où je suis. En tirant, ne me voilà-t-il pas parti à comparer! Je compare, me croira-t-on, les balles aux obus. Si j'avais l'embarras du choix, je préférerais ceux-ci à celles-là. L'obus, il est vrai, est gros, la balle, petite. Mais la balle est traîtresse.

Elle arrive, elle siffle, elle passe, vous êtes sauvé. Souvent aussi elle tue. L'obus, lui au moins, est toujours poli. Il vous prévient de son arrivée. Il s'annonce par un ronflement sonore, on a le temps de se garer, de se mettre un peu à l'abri.

Les Allemands cependant ont dû mettre en batterie des mitrailleuses. Ils nous arrosent littéralement. Les balles rasent le fossé où nous sommes. Des camarades roulent dans la boue, le front troué. Je reçois une balle dans mon képi, je m'en apercevrai plus tard. Je l'ai échappé belle.

Il fait chaud. On est fiévreux, on a soif.

Un brave homme qui demeure dans une maison située derrière nous a sans doute deviné cela. « Avez-vous soif, les gars ? nous crie-t-il. — Et comment, mon brave homme. » En rampant, il traverse la rue sous la pluie des balles. Il nous apporte une bouteille de vin.

« A la tienne, » dis-je à mon voisin qui choque son quart contre le mien. Ce verre de vin nous rafraîchit, nous remonte un peu.

Notre capitaine, pendant ce temps, se promène toujours le long du fossé, très tranquillement, les mains derrière le dos. On ne se douterait pas qu'il est en train de braver la mort.

Depuis combien de temps tenons-nous ? Depuis plusieurs heures sans doute, de longues heures qui ont déjà coûté la vie à bien des camarades. Dans ces moments-là on ne se rend plus compte du temps. Combien sommes-nous encore de gens valides ? Quatre-vingt, cent peut-être.

Nous ne pouvons plus tenir longtemps, c'est impossible. Bientôt l'ordre est donné de nous replier en dehors du village pour essayer d'échapper à leur tenaille qui se resserre sur nous. Être tué, ça va, mais prisonnier, jamais!

Avec quelques camarades je traverse une maison, la maison même, si j'ai bonne mémoire, du brave homme qui nous a offert à boire. Nous voici dans la cour. En face de nous est une grange. Nous entrons et nous nous arrêtons un moment pour respirer, pour nous orienter. Les balles percent les portes, les murs en torchis. Un obus éclate dans la maison voisine qui prend feu. Derrière la grange est le jardin. Nous sortons, nous le traversons et nous obliquons à gauche pour rejoindre ce qui reste de la compagnie.

En face de nous, se détachant sur le haut d'une crête, à deux cents mètres à peine de nous, qu'est-ce que cette ligne de tirailleurs? Des Allemands, toujours des Allemands! « Nom d'un chien, nous sommes cernés, nous sommes perdus! »

Alors, en désespérés, nous luttons jusqu'au bout. Nous tirons sur ces adversaires nouveaux. Ils ont vite fait de reconnaître d'où viennent ces coups de fusil. Ils nous ont vus, ils vont nous exterminer. Je revis encore, à un an de distance, ces minutes tragiques, je ne les oublierai jamais.

Autour de moi tombent mes braves camarades. L'un pousse un grand cri. Il a reçu une balle dans le ventre. « Ma femme, ma pauvre femme, » crie-t-il. Toute ma vie je le reverrai s'abattant

tout près de moi **comme** une masse! Toute ma
vie j'entendrai cet appel désespéré! Un autre
est frappé d'une balle au front. Il tombe sur
ses genoux. C'est fini, il ne se relèvera plus.

Oh! l'horrible vision inoubliable. Oh! ces lour-
des chutes dans les betteraves, le trèfle vert, les
épis blonds, la boue épaisse. Hagards et sans cri,
ils tombent, les braves gens. Ils ne reviendront
plus. Que d'espoirs perdus, que de bonheurs
brisés! Oh! guerre, affreux fléau, que de deuils,
de misères, de douleurs tu laisses après toi!

Une année s'est écoulée depuis cette heure tra-
gique, et je me revois encore, seul vivant au
milieu des morts. Je revois encore les Allemands
s'avançant sur moi. Je tire toujours. Ma dernière
heure est arrivée, je n'en doute pas. Je donne une
dernière pensée à ceux que j'aime et que je laisse,
à ma chère femme, à mes pauvres enfants. C'est
fini, je ne les verrai plus. Mais au dernier moment
j'aurai pensé à elles. Je revois toute ma vie, je
songe au bonheur que je perds. Soudain une
douleur aiguë me traverse le genou. Quelque
chose de chaud glisse le long de ma jambe droite.
Il me semble qu'elle est paralysée. Je fais un pas
en avant, je tombe en lâchant mon fusil. Les Allemands sont sur moi. Le premier, je le vois encore,
est un grand blond. Il tient son fusil à la main, il
va sans doute m'achever à coups de baïonnette.
« Mourir pour mourir, me dis-je, je le tuerai
d'abord, celui-là. »

Je veux saisir mon fusil pour lui tirer une balle

à bout portant. Déjà il est sur moi. J'ai perdu beaucoup de sang, je me sens faiblir. Par un effort suprême je saisis mon arme, mais mes forces me trahissent, elle retombe à côté de moi. « J'ai soif, dis-je, j'ai soif. » Comment, par quel hasard, cette phrase prononcée en allemand me vient-elle sur les lèvres au moment même où je me sens perdu? Je ne sais pas. Ma destinée n'était sans doute pas de mourir ce jour-là. L'homme que j'avais supposé prêt à me percer de sa baïonnette s'est arrêté. L'ennemi de tout à l'heure s'est penché sur moi, mais cette fois sans haine.

« Vous parlez allemand? — Oui. — Je vais vous donner à boire, » me dit-il. Il prend son bidon, remplit son quart et me le tend. « Où êtes-vous blessé? — A la jambe, je crois qu'elle est cassée. — Attendez un moment, je vais vous envoyer des infirmiers. »

Pendant ce temps les autres Allemands sont arrivés. Ils soulèvent les camarades tombés auprès de moi pour s'assurer s'ils sont bien morts, puis ils s'en vont tous. Je reste seul sur le champ de bataille. La fusillade a cessé. J'entends les cris des vainqueurs, des hurlements sauvages, soudain des coups de fusil isolés!

Une pluie fine commence à tomber. Il semble que la nature veuille augmenter la tristesse de cette fin de journée.

Elle prend le deuil des morts qui gisent tout autour de moi. Ah! ces morts dont la vue m'épou-

vante, pauvres amis si pleins de vie, si rayonnants
d'espérance ce matin, ces morts, je veux les fuir!
Ils sont là, les uns regardant le ciel, les autres,
la tête cachée sous l'herbe, les uns allongés, les
autres repliés sur eux-mêmes. De loin, il semble-
rait que ce sont des soldats qui se reposent. Mais
ils sont près de moi, et ils me font peur avec leurs
yeux démesurément ouverts, leur face crispée
par l'épouvante. Je veux fuir ce spectacle épouvantable, cette vision infernale. Je veux fuir à travers champs pour rejoindre, si je le puis, les
lignes françaises.

Je me traîne un peu, une douleur aiguë me fait
pousser un cri. Je m'arrête, le front en sueur.
Ma jambe est lourde et je sens bien qu'il me sera
difficile d'avancer. Mais eux, eux mes compagnons
d'armes, ils sont toujours là, me poursuivant de
leur regard éternellement fixe. J'ai peur. Des cor-
beaux, là-haut, dans le jour incertain, volent en
croassant. Ils planent au-dessus du champ de
bataille, guettant la proie qu'ils convoitent, attendant sans doute que le dernier survivant ait rendu
l'âme avant de se précipiter sur ces corps encore
chauds.

Va-t-on me laisser là? Vais-je rester dans ce
coin plein d'horreur! Je me débarrasse de mon
sac, de mon équipement, de ma musette. Doucement je rampe à plat ventre. Mon képi tombe, je
le laisse. La pluie qui tombe rafraîchit mon front.
Ma jambe me fait horriblement souffrir. Qu'importe! Me voici seul maintenant. J'aperçois encore

les corps allongés dans l'herbe, mais je ne vois
plus les visages qui m'effrayaient tant. Qu'importe! Je veux m'échapper. Être prisonnier? Non
à tout prix. Lentement, je continue ma route.
Mais les forces humaines ont des limites. Ma
jambe est à présent comme paralysée, je me sens
faiblir. C'est fini, je ne peux plus avancer. Je
reste là, désespéré de mon impuissance.

Tout à coup j'aperçois sur la route une voiture
d'ambulance avec un drapeau tricolore. Je tente
un dernier effort. Je me soulève, je regarde
au-dessus des betteraves au milieu desquelles je
me trouve en ce moment. Des Allemands sont là
près de la voiture dont ils se sont emparés. A quoi
bon continuer! Il n'y a plus rien à faire.

Voici d'ailleurs deux infirmiers allemands qui
s'approchent de moi. Ils me donnent à boire, puis
me transportent jusqu'à l'entrée du village. Ils
me font alors un pansement sommaire avec mon
pansement individuel qui se trouvait dans la
poche de ma capote. On me hisse sur une voiture
pour me conduire jusqu'à l'ambulance allemande
installée dans une maison, au centre du village.

APRÈS LE COMBAT

A l'ambulance.

Nous sommes là, Français et Allemands, mêlés,
attendant notre tour de visite, couchés sur la
paille. A côté de moi est un Allemand assez
jeune qui me regarde méchamment. « Chien de
Français, » me dit-il en me crachant au visage.
Je me sens pâlir sous l'outrage. Je domine avec
peine la colère qui me saisit. Machinalement
j'essuie ma joue. Le calme renaît en moi peu à
peu. Cet homme qui vient de m'insulter, je vais
essayer de le raisonner.

« Ce n'est pas beau ce que vous avez fait là,
lui dis-je. Vous avez insulté un blessé, un homme
qui ne peut plus se défendre. En me battant pour
mon pays, je n'ai pourtant fait que comme vous,
j'ai rempli mon devoir. Vous êtes blessé, vous
aussi. Nous ne devons plus être deux ennemis,
mais deux camarades de misère et de souffrance. »

Ces paroles de douceur produisent un effet
merveilleux. Cet homme, un Poméranien, me

raconte alors qu'il est marié, père d'un petit garçon. Il me dit tout son ennui d'être si loin des siens. « Moi aussi, lui dis-je, je suis papa, j'ai deux fillettes. S'il vous est douloureux d'être séparé des vôtres, de vous demander si vous les reverrez jamais, cela est pénible aussi pour moi. La guerre est atroce pour tous. — Pourquoi, interrompt-il brusquement, l'avez-vous déclarée à l'Allemagne ? »

Tous les Allemands, j'aurai l'occasion de le constater, partagent cette idée fausse. J'essaye, mais en vain, de faire entendre raison à celui-là.

Des soldats, des sous-officiers, des officiers arrivent, nous examinent. Les uns nous offrent à boire, à manger. Cela ne leur coûte pas cher d'ailleurs, ils n'ont eu qu'à prendre. D'autres nous parlent, tous nous considèrant avec pitié. « Pauvre France ! Pauvre patrie ! me dit ironiquement un officier. Vous êtes perdus, dans trois jours nous serons à Paris. — Pas si vite, lui dis-je. — Dans trois jours Paris est capout, ajoute-t-il avec autorité. Nous ne marchons pas, nous courons. Jusqu'ici nous n'avons rencontré que des territoriaux, des vieux barbus. Où est-elle donc la fameuse armée française, où sont-ils les petits soldats sans barbe ? (Il voulait désigner par là les jeunes soldats de l'active.) — Vous les rencontrerez plus loin, » lui dis-je brusquement.

A ce moment, on dépose près de moi mon capitaine. Il a l'épaule fracassée. Il paraît souffrir, physiquement de sa blessure, moralement de

se voir fait prisonnier. « Enlevez-moi, s'il vous
plaît, me dit-il, le manchon bleu de mon képi. Je
n'en ai plus besoin maintenant. — Ah! mon
pauvre capitaine, je suis comme vous, je souffre
de me sentir à la merci de nos ennemis, je souffre
de penser que je ne pourrai plus me battre. » Si
je ne craignais de m'abandonner à ma tristesse
devant ces gens qui s'en moqueraient, je laisse-
rais couler mes larmes, des larmes de désespoir
et de rage. Les uns après les autres les blessés
sont introduits dans la salle où les médecins allemands nettoient, examinent, pansent.

Mon tour est venu. On me porte sur un bran-
card. Un blessé sort, le bras en écharpe. Nous
sommes dans un corridor. A droite et à gauche
deux pièces ont été transformées en salles d'opération. Des hommes, en bras de chemise, tournent
autour des tables sur lesquelles ont été posés des
matelas tout couverts déjà de taches de sang.
J'entends des cris. Une odeur d'éther, de chloroforme, me prend à la gorge. Cela sent la phar-
macie, la salle d'hôpital.

On me dépose dans la salle de gauche. Le
chirurgien a fini de soigner le patient auquel je
vais succéder. Délicatement on m'étend sur le
matelas. Rapidement le médecin défait mon pansement. Il nettoie la plaie. « Que pensez-vous de
ma blessure? » lui dis-je. Il l'examine et me
répond : « Je crois que ce ne sera rien. » Il essaye de faire marcher le genou, cela me fait
souffrir. Il a vu ma grimace et s'arrête. Il panse,

il enveloppe avec de la paille, assujettit la jambe
avec deux planchettes. C'est fini, je n'ai rien senti
Il est très doux, ce docteur, souriant, plein de
bonté pour tous les blessés, français ou allemands.
« Enlevez ce digne homme, » dit-il aux bran-
cardiers allemands. Et voilà le digne homme
parti, emportant, accrochée à sa capote la fiche
qu'un infirmier a faite. J'ai pu lire : blessure du
genou. C'est tout comme diagnostic.

La nuit est venue. Les chirurgiens travaillent
maintenant à la lueur des lampes. On va me transporter dans une grange.

Un héros.

Je sors de l'ambulance sur une civière. Tout
près de moi passe, porté avec mille précautions,
emmaillotté des pieds à la tête, un homme, une
loque humaine. De la tête, enveloppée de linges
blancs, on n'aperçoit qu'un visage pâle, aux yeux
clos. Je reconnais ce mourant. C'est un lieutenant
d'une autre compagnie, le lieutenant C... Il com-
battait auprès de nous, à l'autre extrémité de la
place. J'ai su depuis comme sa conduite avait été
admirable. Je le revois là-bas, à M..., il y a à peine
un mois, plein de vie, plein de foi. C'est lui qui
a déclamé devant le régiment assemblé les vers
qui ont pour titre : *l'Ode au Drapeau*. Je me soudu-
viens de ce jour. Je vois encore le champ de tir où
nous étions réunis. Les derniers vers avaient à

peine été lancés par lui d'une voix fière et ton-
nante qu'une acclamation formidable retentissait :
« Vive la France ! »

Tous ces soldats, hier heureux, bien tran-
quilles au sein de leur famille, aujourd'hui jetés
dans la tempête, avaient mis dans ce cri toute
leur force, tout leur amour pour la patrie.

A son tour, le colonel parla. Puis ce fut le
salut au drapeau. Nous étions là, immobiles,
muets, émus, présentant les armes. Des larmes
coulaient de nos yeux. Nous sentions à cette heure
combien nous l'aimions ce bel emblème aux trois
couleurs qui flottait au vent. Nous le regardions
avec amour. Sans rien dire, en nous-mêmes, nous
répétions ce que le colonel avait dit. Nous nous
engagions à tout faire pour le défendre, même à
sacrifier notre vie.

Combien de ceux qui étaient là ne devaient
plus jamais revenir !

Je revis cette heure en voyant passer près de
moi celui qui vient de tomber face à l'ennemi, en
héros.

Dans le coin où il se battait, il était resté avec
quelques hommes. Il avait pris le fusil d'un
blessé ou d'un tué, et, tranquille, comme au
champ de tir, faisait le coup de feu. Les Allemands avaient fait prisonniers quelques Français dans une carrière. Ils envoient en parlemen-
taire un officier français. Celui-ci, un capitaine
m'a-t-on dit, donne au lieutenant l'ordre de se
rendre. « Si vous continuez à tirer, les prisonniers

seront fusillés. » Toujours les mêmes procédés
barbares ! Par intimidation, les brutes espéraient
venir à bout de cette poignée de braves. Très
calme, le lieutenant répond : « Un officier français ne se rend pas, il se fait tuer. » Et la lutte
inégale continue, et, héroïque folie ! ce brave
charge à la baïonnette avec les quelques hommes
valides qui demeurent auprès de lui. Ils chargent
contre un ennemi vingt fois plus fort. Ils sont
massacrés, mais ils ont rempli leur devoir jusqu'au bout.

Pauvre lieutenant, pauvre héros inconnu qui
dors aujourd'hui ton dernier sommeil dans un
petit cimetière de village, tu es bien le digne fils
de cette race gauloise pour laquelle mourir bravement était tout.

« On ne meurt qu'une fois, disent nos poilus,
autant bien mourir. »

Nuit d'épouvante.

Me voici maintenant dans une grange où ont
été entassés les blessés français. Nous sommes
là, une trentaine, parqués sur la paille. Des
infirmiers allemands, tous munis d'une lampe
électrique, vont de l'un à l'autre. Ils donnent
à manger, à boire, ils font des piqûres de
morphine pour calmer les douleurs de ceux
que leur blessure fait trop souffrir. Je souffre
aussi, mais pas au point de ne pouvoir me

rendre utile en servant d'interprète à mes camarades.

Les infirmiers sont partis. C'est maintenant la nuit, une nuit noire, angoissante, que je me rappellerai toute ma vie. Seule la lanterne d'un paysan qui accompagne le major français resté avec nous vient, de temps en temps, apporter un peu de lumière dans cette ombre où se débattent des êtres humains souffrant comme des damnés. J'avais vu le champ de bataille. Ce n'est rien auprès de ce coin où gémissent des malheureux, où agonisent des mourants. Ces cris, ces plaintes, je les entends encore, et je pleure comme j'ai pleuré ce jour-là.

Que c'est affreux la guerre! Maudits soient à jamais ceux qui l'ayant désirée, préparée de longue date, ont déchaîné ce fléau sur le monde! J'entends encore, j'entendrai toujours la plainte douce, monotone d'un pauvre blessé étendu non loin de moi, la jambe brisée. Un adjudant, frappé d'une balle au front et qui était devenu comme fou, était couché auprès de lui. Ce malheureux, sans plus savoir ce qu'il faisait, appuyait de tout son corps sur la jambe malade de son voisin. Et celui-ci, doucement, le repoussait en murmurant d'une voix d'enfant qui appelle désespérement sa mère : « Laisse-moi, va-t-en, tu me fais mal. »

Et cela dura toute la nuit, et cela ne cessa que le matin quand le jour se leva. L'adjudant était mort, et son voisin, brisé de fatigue, s'était endormi.

D'autres s'étaient endormis aussi, mais de
l'éternel sommeil, les uns après une agonie terrible, les autres sans se plaindre. Encore, comme
hier sur le champ de bataille, encore des morts
autour de moi !

Tout à l'heure, on va les enlever ces pauvres
soldats morts au champ d'honneur. On les enter-
rera pêle-mêle, comme des chiens, dans un grand
trou. Et là-bas, tout là-bas, les yeux en pleurs,
la maman, la femme, le petit attendront vainement
le retour de celui qui ne reviendra jamais.

O France, ô Patrie ! comme il faut t'aimer pour
s'en aller, sans peur, fier, heureux, risquer cette
horrible fin !

Une leçon de générosité.

27 août 1914. — Le jour est venu. Les pauvres
camarades morts pendant la nuit ont été trans-
portés au cimetière. Ceux qui restent, les survivants, blessés plus ou moins grièvement, sont
devenus plus calmes. Quelques-uns se plaignent
encore, d'autres mangent ou boivent. Les habitants nous ont en effet apporté du lait, du café,
du pain.

Je ne peux rien prendre. Les émotions de cette
affreuse nuit m'ont abattu. Je pense aux parents
de ceux que l'on vient d'emporter, de ceux qui ne
souffriront plus. Je pense à ma femme, à mes
enfants. Les reverrai-je jamais ? Un soldat n'a pas

peur de la mort, mais quand on voit tant de
deuils autour de soi et en si peu de temps, on
peut bien se demander si son tour ne viendra
pas bientôt. Je ne connais pas d'ailleurs exacte-
ment la gravité de ma blessure, ce qu'en seront
les suites.

Je veux écrire aux miens. Je demande du
papier à lettre, un crayon. On me les apporte. Ma
lettre terminée, pauvre lettre sale et chiffonnée,
je la confie à un brave homme qui m'a promis
de la faire parvenir après la guerre. Je me sens
plus rassuré, plus calme. Qu'ai-je écrit exacte-
ment ? Je ne sais pas. Peu importe après tout.
Je suis rentré maintenant. Puisse pourtant cette
lettre arriver bientôt !

Notre médecin-major, qui est prisonnier lui
aussi, vient nous voir. Il se dépense autour de
nous. Il nous soigne, il essaye de nous consoler.
Il nous apprend que les Allemands sont partis
pendant la nuit, abandonnant leurs blessés dans
l'église. « Je suis chargé, dit-il, de les soigner
aussi ; mais je me trouve d'ailleurs bien embarrassé pour le faire, car je ne puis comprendre
ce qu'ils me disent. »

Une idée me vient. Pourquoi ne me ferais-je
pas porter jusqu'à l'église pour aider ces Allemands, leur servir d'interprète ? Après tout ces
blessés sont des hommes comme moi. « Monsieur
le Major, dis-je au docteur, faites-moi transporter
jusqu'à l'église. Je vous servirai d'interprète auprès des Allemands. » Et voilà pourquoi, quel-

ques instants plus tard, je me retrouvais dans l'église de R..., au milieu des ennemis surpris de me voir arriver. Je revois mon blessé de la veille : « Que venez-vous faire ici? me dit-il. — J'ai appris que vous étiez seuls, que le médecin français, ne vous comprenant pas, pouvait difficilement vous soigner. Je suis venu vous servir d'interprète. » Et à voix basse j'ajoute, pour n'être entendu que de lui : « Je veux que vous compreniez que les Français ne sont pas des chiens. » Il est surpris et ému. Je vois deux larmes couler le long de ses joues : « Je vous demande pardon, dit-il, de ce que je vous ai fait hier. »

Des gens du village entrent dans l'église. Ils sont venus par curiosité. Je les prie de donner aux blessés ce qu'ils demandent. On apporte du pain, du beurre, du chocolat, du café, du vin. Je me vois forcé de reconnaître ici. que, si les Allemands font bon accueil aux provisions, ils ne paraissent pas très touchés ni même étonnés de ma bonne volonté. Qu'importe! L'essentiel est que j'aie la conscience tranquille. Puis à ces hommes qui s'étaient montrés si inhumains en Belgique je donnais un exemple d'humanité.

Je reste la matinée et une partie de l'après-midi avec eux. Vers quatre heures on me fait monter en voiture pour me transporter à C... En sortant de l'église je croise une charrette remplie de cadavres français. Je n'ose les regarder, cela me fait trop de peine. Dans les rues désertes du

village j'aperçois quelques corps d'allemands re-
couverts de leur grand manteau. Nous voici sur
la route. Nous avons environ quatre kilomètres à
faire.

Sur tout le parcours nous voyons des traces
de la guerre. Des maisons sont éventrées, des
portes défoncées; des bestiaux sont étendus dans
les champs tués par les balles ou les obus; des
fils télégraphiques pendent lamentablement; plus
loin, des sacs, des équipements couvrent le sol.
Plus de morts, ils sont déjà ensevelis. Personne
sur la route, personne dans les champs. Les maisons des hameaux que nous traversons paraissent
inhabitées. Les habitants ont fui ou se cachent.
Parfois, cependant, nous apercevons derrière un
rideau un visage pâle et anxieux. Le rideau sou-
levé tombe brusquement.

Nous voici heureusement arrivés à C... Là il
n'y a pas de dégâts. Je revois les casques à pointes,
les rues et les avenues en sont pleines. Institu-
tion Notre-Dame-de-Grâce. C'est l'hôpital où l'on
me conduit.

A L'HOPITAL

Encore des souffrances et des agonies.

Me voici maintenant installé dans un bon lit,
entre des draps bien blancs. Je ne réfléchis plus,
je me laisse aller à ce bien-être qui engourdit
ma pensée. Que c'est bon de se sentir à l'abri
après les rudes épreuves que je viens de subir!
Vingt jours de marches exténuantes, vingt nuits
de mauvais sommeil sur la paille et, pour finir,
un combat meurtrier, des blessés, des morts, des
mourants!

Et j'ai échappé à la mort, je me retrouve dans
un bon lit tiède, entouré de soins et de sympathies.
J'éprouve l'impression du naufragé qui vient de
mettre pied sur la terre ferme. Ma jambe me fait
souffrir, le transport m'a épuisé. On me donne
un grog pour me remonter. Doucement, bien
doucement, je m'endors. C'est un sommeil d'une
heure, sans cauchemar, un bon sommeil répara-
teur. Quand je me réveille, je vois, penchés sur
moi, des visages amis. Ah! mes bonnes infir-

mières de C..., tous les bons amis que nous avons trouvés là, qui nous ont soignés, dorlotés, gâtés, nous ne vous oublierons jamais ! Vous êtes ceux qui, dans cette grande tourmente, dans ce noir affreux où nous nous débattons, apportez une petite lueur de bonté et d'amour.

Des blessés arrivent, les uns le bras en écharpe, d'autres la figure bandée, d'autres étendus tout pâles, immobiles, sur des civières. Les uns sont demi-nus, sans képi, les autres pitoyablement sales, la capote et le pantalon tout couverts de boue. On fait pour eux ce qu'on a fait pour moi. On les lave, les change de linge, on met en tas leurs effets pour les porter au nettoyage. De tout ce que j'avais il ne me reste plus que ma capote, mon képi est resté là-bas et j'ai comme coiffure le manchon bleu de mon capitaine ; quant à mon pantalon, il n'en reste plus que des morceaux, car les infirmiers allemands l'ont taillé avec des ciseaux afin de pouvoir me panser plus facilement. J'ai gardé mon bidon que je conserverai comme un précieux souvenir de ces heures tragiques.

Des blessés, toujours des blessés ! Les lits s'emplissent. La nuit vient. Moins lugubre ici est le décor, mais ce sont les mêmes plaintes, les mêmes cris d'agonie qu'hier dans la grange. Peu à peu tout cesse. Les blessés se sont assoupis, les mourants ont fini de souffrir. Onze heures du soir. Les infirmières s'empressent auprès de mon voisin, un adjudant qui a le foie écrasé. Il est perdu. Le malheureux a gardé toute sa lucidité d'esprit : « Excusez-moi, dit-il doucement à ses gardes-malades, de toute la peine que je vous donne. » Sa voix faiblit. Il murmure d'une voix à peine perceptible : « Vous direz à ma femme, à mes enfants que j'ai pensé à eux jusqu'au dernier moment. » C'est fini! Il s'est éteint.

Dans la rue, un bruit de bottes, des cris, des chants. Les malades se sont éveillés, ils se redressent, les yeux pleins de fureur, pleins de larmes de rage. Sous nos fenêtres défilent leurs lourds régiments. Au son du fifre et des tambours plats les hordes barbares traversent la ville. Et ce long défilé de soldats, de chevaux, de canons, d'autos durera toute la nuit et se continuera les jours suivants.

Comme nous avons souffert moralement à ces tristes moments!

Cruautés allemandes.

Quelques jours se passent. Le médecin a examiné attentivement ma blessure. Elle s'est cicatrisée, mais la balle, une toute petite balle, a déterminé un anévrisme. Une opération sera nécessaire. Cette opération, je l'ai appris depuis à mes dépens, est très délicate et peut avoir des suites très graves.

Pour le moment, bien que souffrant cruellement, je ne suis pas en danger, mais d'autres soucis me tourmentent. Je n'ai pas de nouvelles

des miens et j'en ai de mauvaises de la guerre.
Nous avons vu passer le flot des envahisseurs et,
par les journaux français qui pénètrent à travers
les lignes allemandes, nous avons appris la ruée
des Allemands sur Paris. Nous en suivons les
étapes : Saint-Quentin, Chauny, Noyon, Compiègne, Senlis. Les voilà à Chantilly. Dans deux
jours ils seront aux portes de la capitale. Ne
pourra-t-on pas les arrêter? Le sacrifice de milliers de Français déjà tués sera-t-il inutile?

A mes angoisses de patriote viennent s'ajouter
mes angoisses de père et de mari. Ma femme et
mes enfants étaient avec leur grand'mère à la
campagne non loin de Compiègne. Que sont-elles
devenues? Pourvu qu'elles aient pu fuir!

J'apprends chaque jour de nouvelles atrocités
commises par les soldats allemands. Le curé de
R..., le village où nous nous sommes battus, va
être fusillé. Pauvre homme! Je l'ai vu sur la place
du village lorsque je venais d'être blessé. Les
troupes allemandes étaient rassemblées. Des
officiers buvaient du champagne en nous regardant ironiquement. Dans un coin de la place il y
avait des prisonniers, dont quelques civils, et, tête
nue, un prêtre, le curé de R... Les soldats l'in-
juriaient, le bousculaient, le maltraitaient. Quelques-uns allèrent même jusqu'à le frapper avec
la crosse de leur fusil. Il restait calme et résigné
sous les outrages et les coups. Ils l'accusaient
d'avoir tiré du haut du clocher. Accusation stu-
pide, mais allez faire entendre raison à ces

brutes! J'ai appris depuis que le pauvre homme,
échappé à la fusillade, avait été emmené en Allemagne. Il était fou. Je crois qu'il doit être aujourd'hui rentré en France.

Bien que je doive rester toujours étendu, j'ai
été autorisé par le médecin à faire une petite promenade à la condition de ne pas me servir de ma
jambe. En utilisant des béquilles je me risque à
faire un tour dans la salle. Je cherche des camarades de mon régiment. Il y en a quelques-uns
plus ou moins grièvement blessés. Je demande
des nouvelles de quelques bons amis qui se trouvaient dans mon bataillon. J'apprends avec joie
qu'ils sont prisonniers, mais vivants. J'apprends
malheureusement avec tristesse que mon commandant et mon lieutenant ont été tués.

Tout au bout de la salle, perdu au milieu des
Anglais, je retrouve un soldat de ma compagnie,
mon camarade P... Il est étendu dans son lit,
pâle et affaibli : « Qu'est-ce que tu as, mon pauvre
vieux? lui dis-je. — Pas grand'chose, une balle
dans la cuisse, deux balles de revolver dans la
poitrine. » Alors il me raconte, à voix basse et
entrecoupée, une histoire atroce : « J'étais tombé
sur la place, la cuisse traversée. Les Allemands
arrivent. Un capitaine me montre du doigt à l'un
de ses soldats en disant quelques mots en allemand. Le soldat m'aide à me relever en me te-
nant par le bras. Je vois, je vois alors cet officier,
dont je garderai toujours les traits dans ma mémoire, prendre son revolver et le diriger contre

ma poitrine. Je comprends, je le regarde bien en face, bravement. Il me tire deux coups à bout portant. Je tombe comme une masse, le nez contre terre. Par extraordinaire je n'ai pas perdu connaissance. Le soldat me soulève. L'officier l'interroge. J'entends cette réponse. « Capout! » Capout! non je ne le suis pas, mais je fais comme si je l'étais. Autrement cette brute m'aurait certainement achevé. Je suis au bord de la route. Des soldats passent, nombreux. Ils me donnent des coups de pied. Un seul s'arrête, ramasse mon képi tombé et me le pose sur la tête. Puis ce sont des canons, des caissons, des voitures qui me frôlent. Je ne bouge pas. Ils sont partis. Alors je respire. Je suis sauvé. »

Mon pauvre camarade fut en effet sauvé. Les soins et surtout sa robuste constitution lui permirent de guérir de ses blessures. Il est parti de l'hôpital avant moi, et je ne sais ce qu'il est devenu. Il m'arrivera souvent plus tard, au cours de ma captivité, de raconter l'acte barbare dont il fut victime. Les Allemands ne voulaient jamais le croire : « Ça n'est pas vrai, un officier allemand n'est pas capable de faire cela. » C'est la seule réponse qu'ils font toujours aux atrocités dont on leur fait le récit, quelles que soient les preuves qu'on en puisse donner. Ne pouvant réfuter, ils se bornent à nier.

Et cependant que de témoignages sérieux et probants de leur barbarie j'ai pu recueillir au camp et à l'hôpital.

Dans l'attente de l'inconnu.

Les jours continuent, longs, monotones, tout remplis d'alternatives d'espoir et de désespoir.

Je n'ai toujours pas de nouvelles des miens. Je leur ai écrit quatre lettres. Pas de réponse. Je ne pouvais d'ailleurs pas en espérer. Mon seul but en les écrivant était de rassurer ma femme. Je devais apprendre à mon retour qu'aucune de ces lettres n'était parvenue. Mais j'ai la consolation d'apprendre la bataille de la Marne, la retraite des Allemands.

Comment cette nouvelle a-t-elle pu arriver jusqu'à nous ? Par quelques rares exemplaires de journaux français, par les indiscrétions de quelques Allemands, par une nervosité générale qui se manifeste toujours chez eux en cas d'insuccès et aussi par de malheureux blessés français, pâles, décharnés, restés pendant de longs jours sur les champs de bataille, sans nourriture, sans soins, relevés à la hâte au moment du recul et évacués rapidement sur les ambulances d'arrière.

Quelle espérance cette nouvelle de la défaite allemande suscite en nous : nous rêvons de délivrance prochaine !

Un jour nous entendons crépiter la fusillade, tonner le canon. C'est dans la ville ou dans les faubourgs. « Les Français arrivent, » crie-t-on. Depuis quelques semaines nous les attendons avec impatience. Depuis quelques semaines le canon gronde, non loin de nous, presque sans interruption. En avons-nous eu déjà de ces alertes ! Aujourd'hui encore ce ne sera qu'une fausse joie.

Là-haut, dans le ciel, six aéroplanes anglais et français évoluent au-dessus de la ville. Ils jettent des bombes sur la gare. C'est sur eux que tirent les soldats, les mitrailleuses, les canons. Mais ils planent tranquillement sans souci du danger. Ils restent là une demi-heure environ. Les voilà partis et, comme avec les hirondelles s'envolent les beaux jours, sur leurs ailes s'envole aussi l'espoir que nous avions d'être bientôt délivrés. Cette attente, ces émotions fréquentes, inutiles, énervent et fatiguent.

Nous attendons avec anxiété les communiqués, nous dévorons le journal que l'on a pu se procurer à grand'peine, nous bâtissons des projets d'avenir, nous préparons des plans de bataille. Notre rêve à tous, c'est d'échapper aux mains des Allemands, de guérir, puis de retourner au front venger nos morts.

Que de fois, ici comme en Allemagne, n'ai-je pas pensé à m'évader. Hélas ! je n'étais qu'un invalide et je devais me résigner à mon sort de captif !

Nous sommes tous convaincus que la France sera délivrée avant l'hiver, car nous ne connaissons pas encore la force de notre adversaire. Nous ne pouvons supposer qu'il espère s'accrocher, qu'il s'accrochera pendant des mois à notre sol. Je me souviens que des officiers allemands s'étaient renseignés afin de savoir si l'usine à gaz avait un stock suffisant de charbon pour fonctionner jusqu'au mois d'avril 1915. Nous avons bien ri ce jour-là. Et pourtant le mois d'avril est bien loin, et ils sont toujours là, et les braves camarades qui riaient avec moi sont toujours en captivité. Reconnaissons aux Allemands cette qualité : ils savent prévoir.

Pauvres habitants de C..., pauvres gens du Nord, que de souffrances vous avez endurées, que de vexations vous avez supportées !

A l'hôpital où je me trouve des soldats allemands sont venus plusieurs fois, accompagnés d'officiers, revolver au poing. On avait installé, pour l'instruction des élèves, un poste très simple de télégraphie sans fil. Les Allemands l'ont appris. Ils ont accusé d'espionnage les professeurs. Le supérieur est arrêté. Il est menacé d'être fusillé. Heureusement pour lui l'affaire s'arrange.

Une autre fois, ils demandent à la ville une grosse somme en or à fournir pour le lendemain. Si cette somme n'est pas payée, ils enverront en Allemagne des otages choisis parmi les notables. Ceci s'est répété plusieurs fois pendant mon séjour et a dû se répéter bien des fois encore depuis. Il est bien difficile de les tromper. Avant la guerre, la France regorgeait d'Allemands qui se renseignaient sur tout. Après la tourmente d'aujourd'hui nous les verrons de nouveau réapparaître. Des Allemands, installés chez nous avant la guerre, retournés chez eux comme soldats, m'ont bien dit que leur intention était de reprendre en France leur commerce, leurs occupations, une fois l'orage passé.

Ce sont ceux-là que l'on retrouve, comme en 1870, dans les rangs de l'armée envahissante. Ils servent de guides dans nos villes et nos campagnes, ils donnent des renseignements sur les ressources de chaque région. Parmi les Allemands tués dans C..., le 26 août 1914, on retrouva deux hommes qui, depuis bien longtemps, étaient l'un contremaître et l'autre concierge dans une usine de la ville. Coïncidence bizarre, ils étaient tombés devant la porte même de l'usine.

Ce sont de tels indicateurs qui désignent les maisons à piller. Beaucoup de boutiques de C... furent saccagées, non seulement en vue d'un butin à prendre, mais aussi pour le plaisir de la destruction. Les Barbares épargnent d'ailleurs tout ce qui peut appartenir à des Allemands ou tout ce qui peut leur être utile : filatures, mines, etc.

Le dépôt de tabacs de la région n'échappa pas au pillage. Les Allemands raflèrent tout et, comme ils étaient embarrassés par leur prise, ils revendirent le tabac aux débitants. Ils abandonnaient le paquet de 0 fr. 50 au prix de 0 fr. 20, m'a-t-on dit, en demandant cependant aux débitants de ne le revendre que 0 fr. 40.

Mais je reviens à notre vie d'hôpital.

Souvent, à l'improviste, les majors allemands visitaient les salles. Vivement, les malades en promenade, se déshabillaient et se mettaient au lit. Précaution très utile car les médecins relevaient les noms des hommes transportables. Gare à ceux qui, quelque peu valides, se risquaient à errer de salle en salle.

Toutes les semaines a lieu un départ pour l'Allemagne. Où vont-ils nos camarades? Quelle vie les attend là-bas dans les prisons allemandes? Chaque séparation est pour nous bien pénible. Ceux qui restent espèrent toujours la délivrance. Jusqu'ici j'ai pu échapper à ces rafles hebdomadaires faites par les médecins allemands ou ordonnées par eux.

Mais, un jour, le nombre de leurs blessés augmente. Ici, m'a certifié une personne digne de foi, arrivent tous les jours 1.800 à 2.000 de leurs blessés. De l'aveu même d'un aumônier allemand leurs pertes sur tout le front s'élèvent à ce moment à 10.000 blessés chaque jour. Ils en évacuent beaucoup sur l'Allemagne, mais il faut de la place pour ceux que l'on ne peut transporter.

8 octobre 1914. — Le 8 octobre, plus de cent blessés français et anglais quittent l'hôpital. Je suis de ceux-là. Quelques-uns sont encore bien faibles, le transport les tuera. Peu importe! Il faut de la place. Pendant que nous faisons nos adieux à toutes les personnes dévouées qui nous

ont si bien soignés, qui ont essayé de nous faire
oublier notre misère, des blessés allemands arrivent qui vont nous remplacer. Dorénavant, blessés
allemands et français seront ensemble. Ainsi en
ont décidé les médecins. Il paraît que les Français étaient mieux traités que les autres. En pro-
cédant ainsi, on évitera toute différence dans les
soins et la nourriture. C'est une simple mesure
vexatoire. Eux-mêmes ont, en effet, souvent rendu
hommage au dévouement des médecins français
et du personnel de la Croix-Rouge.

Pourquoi d'ailleurs, en Allemagne, les blessés
français et allemands ne sont-ils pas mêlés comme
ils veulent l'exiger ici? Je le reconnais, nous
n'avons pas eu à nous plaindre, en tant que
blessés, de la manière dont nous avons été traités
là-bas. Mais je ne crois pas que les Allemands
soignés en France puissent avoir à se plaindre.
A l'hôpital de la rue L... où j'ai été en traitement
à mon retour d'Allemagne sont arrivés, fin septembre dernier, des blessés allemands. Ils avaient
le même régime que nous. J'ai eu l'occasion d'en
voir quelques-uns, ils se félicitaient d'être bien
traités.

On pourrait citer par milliers des exemples de
notre générosité. Je ne retiens que celui-ci. A C...,
un jeune officier allemand est atteint du tétanos,
complication terrible des blessures qui amène
généralement la mort. Les muscles se raidissent,
surtout ceux de la face, le malade ne peut des-
serrer les dents. Un officier français reste auprès

du malheureux. Jusqu'au dernier moment il lui prodiguera les soins que l'on prodigue à un camarade, à un frère! Le blessé meurt. Les officiers français, par une délicate attention, déposent une gerbe de fleurs sur son lit de mort. Un commandant allemand qui est là les remercie et, notons-le en passant, pour mieux manifester sa satisfaction, ô éducation allemande! il veut leur offrir le champagne!

EN EXIL

Sur la route de l'exil.

Il est cinq heures et demie du soir. On nous
hisse sur des camions automobiles. Nous arrivons à la gare de C..., à la nuit noire. On nous
parque sur de la paille dans les salles d'attente.
Nous ne partirons que demain.

Des sœurs allemandes nous apportent du rata
allemand : du riz avec quelques menus morceaux
de viande. Ça n'est pas très bon. Je vais entamer
les provisions qu'une infirmière prévoyante m'a
préparées avant de partir. J'en profite pour examiner le contenu de ma musette. Il y a du pain,
du chocolat, du tabac. Il y a aussi, dans un coin,
une petite boîte contenant du fil et des aiguilles.
Rapidement, presque avec rage, je range tout.
J'ai le cœur gros, des larmes me montent aux
yeux. Ce petit bagage, si gentiment préparé, me
rappelle toutes les attentions délicates dont nous
avons été l'objet pendant notre trop court séjour
à l'hôpital de C... Je me sens troublé, désespéré :

je vais quitter notre France hospitalière pour aller vers l'inconnu. Cette langue étrangère, je l'entends parler dans cette ville française où les Allemands se sont établis en maîtres. Cela me fait mal.

Dans la gare circulent des employés de chemins de fer allemands. Des soldats et des officiers viennent nous regarder, nous examinant curieusement. Nous avons quelques Anglais avec nous. Ils se moquent d'eux, les menacent, leur enlèvent leurs manteaux. Au cours de mon voyage et pendant toute la durée de ma captivité j'aurai maintes fois l'occasion de constater quelle haine implacable les Allemands ont vouée aux Anglais. A toutes les stations monteront des gens qui demanderont avec colère. « Y a-t-il des Anglais ici? » Dès qu'ils en apercevront, ils leur montreront le poing, les insulteront, ils iront même jusqu'à les menacer de leurs couteaux.

Les Anglais ne s'émeuvent pas. J'ai toujours admiré leur flegme sous les outrages de la populace allemande. Ils regardent en l'air, rêveurs, comme si ces gens ne s'adressaient pas à eux, mais nous en souffrons pour eux, nous qui en sommes témoins et, pour les soustraire à ces mauvais traitements, nous leur faisons endosser un uniforme français. La haine de l'Angleterre est générale. Dans toute l'Allemagne, on entend ce cri : « Dieu punisse l'Angleterre! » Les Allemands ne lui pardonnent pas de s'être mise avec nous contre eux. Ils disent qu'elle en doit être punie.

Dix heures du soir. — Les visiteurs importuns
sont partis. Nous restons seuls dans la salle d'attente. Je vais faire comme mes camarades, essayer
de m'assoupir un peu. Le pavé est dur malgré la
paille. Nous ne pouvons dormir longtemps. Le
matin d'ailleurs, de bonne heure, le froid nous réveille, car les carreaux de la gare ont été brisés
par le récent bombardement et on ne les a pas
encore remplacés.

Vers sept heures et demie du matin, le café
nous est servi. A midi, même rata que la veille,
toujours peu appétissant. Nous ne devons partir
que le soir. Ce retard éveille en nous un espoir
enfantin et chimérique. Si quelque événement
imprévu, quelque miracle, faisait surseoir à notre
embarquement! Jusqu'au dernier moment nous
espérons.

Cinq heures du soir. — Nous embarquons.
Dans notre wagon sont montés avec nous deux
soldats allemands qui seront nos sentinelles. Ce
sont des soldats de la landwehr (territoriale). Ils
sont enchantés d'avoir avec eux quelqu'un qui
puisse leur parler en allemand. Nous n'aurons
pas à nous plaindre d'eux pendant ce voyage.
Très complaisants pour nous, ils s'efforceront de
nous procurer tout ce dont nous avons besoin. Ils
plaisantent avec nous. L'un d'eux, à la grosse
figure poupine, s'amusera à toutes les stations
belges, à crier les quelques mots de français que
nous lui avons appris : « Bonjour, mademoiselle,
madame, monsieur, » crie-t-il avec un fort accent

tudesque. Pour eux, la guerre est terminée. Réformés pour maladie de cœur, ils retournent dans leurs foyers. Ils n'ont pas dû y rester longtemps.

Vaincus par la fatigue, nous nous sommes endormis très tard dans la nuit. Le lendemain nous nous réveillons en Belgique. Nous voyons en passant les ruines accumulées : des villes et des villages détruits et que j'avais vus si charmants, deux ans plus tôt, au cours d'un voyage d'agrément.

Pauvres vieux beffrois, pauvres églises aux joyeux carillons, hôtels de ville monumentaux tout dentelés, qu'êtes-vous devenus ? Des ruines ! Et vous, paisibles habitants de ces vieilles cités endormies, où êtes-vous ? Et vous, bonnes vieilles, dans les béguinages, où avez-vous fui ? Avez-vous pu quitter à temps le modeste asile où vous pensiez en paix finir vos jours ?

Nous contournons Bruxelles. J'aperçois tout là-haut son monumental palais de justice. Nous nous arrêtons à Laeken, banlieue de Bruxelles où se trouve une résidence royale. Assez long stationnement. Les habitants, retenus par les sentinelles allemandes, n'osent nous montrer leur amitié. Mais leurs yeux mouillés parlent pour eux. Beaucoup ont apporté pour nous du tabac, des cigares, des cigarettes, du chocolat. Les sentinelles regardent autour d'elles, puis laissent faire ; les deux soldats qui nous accompagnent descendent et nous apportent toutes ces gâteries.

Nous continuons notre route. Nous passons

près de Louvain. Le lendemain nous quitterons
la Belgique pour entrer en Allemagne. Aix-la-Cha-
pelle, Cologne, Hanovre. Après trois jours et
quatre nuits de voyage, nous arrivons enfin à
Magdebourg.

Que dire de ce voyage ? Il fut monotone, le
temps était gris, sale, il tombait une pluie fine et
pénétrante. Il fut triste, nous partions en exil. Il
fut pénible, nos voitures étaient des wagons à
bestiaux. Nous étions tassés les uns contre les
autres, nous avions un peu de paille, si peu qu'à
notre arrivée à destination c'était sur de la poussière que nous étions couchés. A chaque instant
des arrêts brusques nous précipitaient les uns sur
les autres.

Une seule fois nous sommes descendus pour
toucher un repas chaud : deux saucisses, du café
au lait et du pain. Nous avons mangé en route ce
que nous mangerons dorénavant : du jambon, de
la saucisse, du boudin froid. Le pain est noir,
c'est du pain de seigle.

Dans quelques gares on crie après nous, on
nous montre le poing. En général, cependant, la
population est calme, plutôt triste. Dans les
grandes villes nous apercevons, accrochés aux
fenêtres, d'immenses drapeaux qui flottent. En
l'honneur de quelles victoires ? Celles qu'on pro-
met, qu'on annonce faussement. La plupart des
Allemands avec qui j'ai pu causer en route igno-
rent la défaite de la Marne. On la leur a présentée
comme un simple recul commandé par la néces-

sité. Les Russes, me dit-on, sont à peu près vaincus. Ils sont sans armes et sans munitions.

Le dimanche soir, vers onze heures et demie.
nous débarquons à Magdebourg. Assez longue
attente sur les brancards le long des quais. Une
foule énorme, silencieuse, stationne devant la
gare. On nous monte en tramways. Quelques ins
tants plus tard je suis à Konzerthaus, hôpital de
fortune installé dans un café-concert.

Mon premier hôpital.

Je n'y ferai qu'un court séjour, mais je m'en
souviendrai longtemps car c'est là qu'ont commencé mes souffrances. On nous a autorisés à
écrire. J'en profite pour faire parvenir une carte
à ma femme. Depuis le 18 août elle n'avait aucune
nouvelle de moi, depuis le 24 août je ne sais rien
d'elle. Fin octobre, elle sera rassurée un peu sur
mon compte. Elle saura que sur le champ de bataille j'ai échappé à la mort qui va me menacer
encore en Allemagne. Je n'aurai de ses nouvelles
qu'en novembre. .

Je fais connaissance avec mes voisins. Parmi
eux aucun camarade de régiment ou d'hôpital.
Je n'ai plus que de vagues souvenirs de mon
séjour à Konzerthaus. J'y ai tant souffert que je
me suis peu intéressé à ce qui se passait autour
de moi; j'ai tant souffert depuis que j'ai oublié
beaucoup de choses.

Je me revois cependant encore dans mon petit lit étroit, au matelas si dur, je revis un peu cette vie si pénible d'un blessé en pays étranger. Le médecin qui nous soigne est consciencieux, un peu froid cependant. Il vient voir les malades deux fois par jour. Dans sa visite il est accompagné par un infirmier qui a grade de sous-officier. C'est un homme doux et bon qui ne nous traite pas en ennemis mais en camarades. Plus tard, il viendra me voir plusieurs fois dans l'autre hôpital. Il ne fait pas comme d'autres qui nous ennuient constamment avec leurs victoires.

Oh ! le tact allemand.

J'ai vu des gens, qui me soignaient pourtant convenablement, m'apporter, au moment où je souffrais le plus, des journaux relatant de magnifiques victoires allemandes : « Lisez, disaient-ils, encore tant de Français faits prisonniers, encore tant de Français tués. Pourquoi vous entêter à continuer la guerre ? Vous serez vaincus. » Lassé, énervé, je leur répondais : « Laissez-moi donc tranquille avec ces histoires. Je souffre trop et je ne pense qu'à mon mal. D'ailleurs je ne crois pas le premier mot de ce que disent vos journaux. » Et malgré tout, chaque jour ils revenaient à la charge, ne manquant jamais de m'apporter toutes les éditions, du matin, de midi et du soir.

Pendant longtemps les journaux porteront en manchette : *La bataille devant Paris.*

Le chirurgien en chef est venu me voir. Trois jours plus tard on m'opère de mon anévrisme.

C'est la série des opérations qui commence. Le
18 octobre je suis sur le billard (nous appelons
ainsi la table d'opération). « Tout va bien », me
dit le sous-officier H...

Tout va bien en effet. Quelques jours plus tard
la gangrène se déclare dans les doigts de pied.
« Il faudra les couper, me dit le chirurgien.
— Coupez tout de suite, lui dis-je, je souffre
trop. »

Ah ! ces nuits blanches, ces nuits atroces ! Pendant trois mois je restai sans dormir et cependant l'on me pique à la morphine, mais rien n'y
fait. Je souffre comme un damné, et, durant les
heures d'insomnie, je pense aux miens que je ne
reverrai peut-être plus, je pense à mon pays que
je voudrais savoir victorieux, je pense à la mort
qui me guette. Se sentir mourir tout seul, sans
une affection consolante auprès de soi, sans revoir
les êtres aimés, se sentir mourir loin, bien loin
de sa maison, de sa patrie, c'est affreux ! Et je
n'ose faire connaître à ma femme les souffrances
que j'endure. J'ai encore une opération à subir.
Mais après ? Est-ce que ce sera fini ? Pourquoi la
tourmenter, l'affliger inutilement. C'est assez
d'un qui souffre.

Trois semaines plus tard la gangrène n'étant
pas disparue, le chirurgien se décide à m'opérer.
On avait cependant essayé bien des remèdes. Un
infirmier, magnétiseur à Berlin, a tenté, par des
passes répétées, de faire disparaître le mal. Rien
n'y fît.

Mes doigts de pied sont coupés. Quelques jours se passent. La gangrène, la gangrène qui pardonne difficilement est revenue. « On vous coupera la jambe au-dessous du genou, » dit le chirurgien. Cette fois on n'attendra pas longtemps. Sur ces entrefaites on nous évacue sur un autre hôpital : Hohenzollern-Park, autre concert qui porte le nom de la fameuse famille à laquelle appartient Guillaume II.

Je quitte mon infirmier H... qui est monté en grade. Il est adjudant maintenant. Le jour où il a été promu, ainsi que deux de ses camarades, ce fut un grand événement dans l'hôpital et l'occasion d'une belle beuverie. La bière coula à flots, pas pour nous mais pour les infirmiers. Ils étaient tous dans un bel état. N'allez pas dire cependant que les Allemands boivent. A part quelques petits excès de ce genre, assez fréquents d'ailleurs, ce sont des gens très sobres !

12 novembre. — La patronne de l'établissement, qui s'est montrée très gentille pour nous, vient nous faire ses adieux. Elle pleure en nous quittant. Disons-le, il y a encore en Allemagne des gens de cœur qui savent être pour les blessés non seulement corrects mais quelquefois humains et bons. J'ajoute cependant que leur grande préoccupation est que nous nous empressions, une fois rentrés en France (quand nous y rentrerons), de vanter leur hospitalité. « Vous direz bien, me disait cette femme et me répéteront plus tard beaucoup d'autres Allemands, que vous avez été bien soignés chez nous. Nous ne sommes pas des Barbares. »

Certainement pas dans les hôpitaux, mais sur le champ de bataille, mais dans les pays envahis, mais dans les camps? Cette femme ajoutait en pleurant et elle était, je crois, sincère : « Nous ne voulions pas la guerre. » Cela je le crois peut-être. Puis : « Notre empereur n. la voulait pas. » Cela, je ne le crois pas. Il paraît cependant que le kronprinz et ses frères furent obligés de supplier leur père (à genoux sans doute) de lancer l'ordre de mobilisation : « Père, disaient-ils, vous avez bien fait d'attendre, vous vous êtes montré patient, généreux, vous n'avez pas voulu prendre la responsabilité d'un affreux massacre. Prenez garde, nos ennemis nous menacent. Il est temps d'agir. »

Et père a cédé.

ENTRE LA VIE ET LA MORT

Me voici maintenant à Hohenzollern-Park.

C'est toujours le même cadre : une grande salle avec de tout petits lits en fer, une scène au fond fermée par un grand rideau blanc et encadrée d'ornements aux couleurs criardes (on faisait ici comme dans tous les concerts des séances de cinéma); tout autour, au premier, une grande galerie circulaire. Ici nous n'avons pas de tables de nuit mais une grande table ordinaire pour deux.

C'est toujours le même décor, avec la même odeur, odeur d'hôpital mêlée à l'odeur particulière que dégagent les Allemands. Ce sont les mêmes souffrances, les mêmes agonies. Comme là-bas à Konzerthaus, comme partout, le lieu de plaisir est devenu lieu de douleur. Le soir, c'est la même sentinelle au casque à pointe ou au béret plat qui nous garde. Les soldats chargés de nous surveiller, surtout au camp, ont tous ou à peu près tous un fusil français. Quel crève-cœur pour nous! Quel indice au point de vue de l'armement!

Le 18 novembre, un mois après ma première opération, on me coupe la jambe. Quelques jours plus tard on défait mon pansement. La gangrène est dans la plaie.

J'avoue que j'eus alors un moment de désespoir, mais qui donc n'eût pas été désespéré à ma place. Les Allemands d'ailleurs me considéraient comme perdu. Ils ne me le dirent pas, mais je le compris quand l'un d'eux, le sous-officier K..., me dit : « Demandez ce que vous voulez comme nourriture. On vous donnera tout ce que vous désirez, sauf de la bière ou du vin. »

Celui qui m'adressait ces paroles nous avait paru peu aimable au début. Depuis, malgré les discussions quelquefois un peu chaudes que nous avons eues, peut-être même à cause de ces discussions, nous avons appris à le connaître, il a appris à nous connaître. C'est un de ceux dont nous avons gardé le meilleur souvenir.

Mon état ne s'améliore pas. Je me sens partir. Ma vue se trouble, mon bras droit se paralyse, le moindre mouvement me fait horriblement souffrir. On parle de me couper la jambe au-dessus du genou. Je ne dis rien, je ne me plains pas, je pleure.

Mon garde-malade, un camarade français qui peut marcher, essaye de me consoler, de me rassurer quand il voit couler mes larmes. Brave petit gars ! Il m'a soigné, la nuit, le jour, comme on soigne son grand frère. C'est bon cette amitié, cette solidarité, ce dévouement dans cet hôpital étranger, c'est chaud au cœur. Nous formons une colonie, une petite patrie perdue en pays ennemi.

Je manquerais à la loyauté en ne disant pas qu'une main caressait souvent ma joue, que des paroles douces m'étaient dites par quelqu'un qui compatissait à ma souffrance. Ce quelqu'un était un vieil infirmier allemand, un brave père de

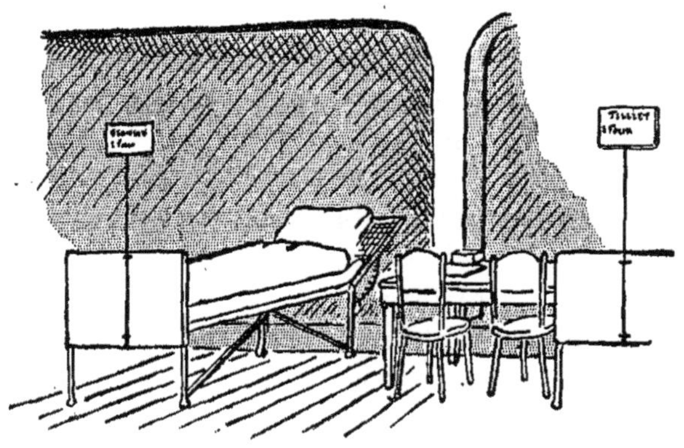

Mon lit.

famille. Il avait neuf enfants. Nous l'avions surnommé grand-père R... Celui-là n'avait pas de haine contre nous. Tous les matins, il allait voir tous ses malades, leur serrer la main, prendre de leurs nouvelles. Il était sans doute trop bon pour nous. Plus tard on le changera d'hôpital. Ces mots qu'il me disait : patience, courage, espoir, je les ai répétés bien souvent. Je me sens perdu cependant.

Je veux connaître la vérité sur mon état. Nous

avions deux médecins pour l'hôpital. Chacun d'eux
s'occupait d'une moitié de la salle. Je m'adresse
tout d'abord à celui qui me visite chaque jour, le
docteur F... Si je suis condamné à mourir ici, je
veux écrire à ma femme pour lui faire mes dernières recommandations.

Le vétérinaire des chevaux de bois, comme l'a
surnommé un loustic, le duc de Guise, comme
l'appelle un autre, ne sait que répondre. Il peut
être bon médecin, mais comme chirurgien il n'est
pas très fort. Il se soucie d'ailleurs peu des
blessés.

Je cite ici quelques faits qui montreront avec
quelle désinvolture il remplissait sa tâche de
médecin. Je me plaignais un jour de l'insomnie
et je lui demandais de me délivrer une potion
somnifère : « Le meilleur moyen pour vous endormir, me dit-il, c'est de compter à partir de
mille et de vous arrêter quand vous serez vaincu
par le sommeil. » Une autre fois, un camarade
blessé au pied insiste pour faire refaire son pansement qu'il avait depuis plusieurs jours. Tout en
riant, le docteur lui fait son pansement à la hauteur du genou. Toutes ces plaisanteries, toutes
ces grosses farces étaient accompagnées d'un
éclat de rire ridicule pour un homme de son âge.

Pour forcer mon moignon ankylosé à s'allonger
ne s'avisa-t-il pas un jour d'attacher au plafond
une corde qui tirait sur ma jambe malade. Il me
fut impossible d'endurer longtemps ce supplice.

Je ne pouvais espérer obtenir d'un tel charlatan

un renseignement sérieux, une certitude, un espoir quelconque,

Je fis appel à l'autre médecin, le Dr L..., un homme habile et consciencieux. Tous les camarades qui ont été soignés par lui en ont gardé un bon souvenir, car il s'est toujours montré avec eux fort bienveillant. Une seule fois, je l'entendis faire une réflexion au sujet de la guerre.

Un coin d'Hohenzollern-Park.

Comme il recommandait d'économiser la ouate, il ajouta en s'adressant aux blessés français : « C'est la faute à vos amis les Anglais. »

Le Dr F... ayant terminé sa visite et quitté l'hôpital, je me présente au Dr L... qui consent à examiner ma jambe. « Vous rentrerez vivant en France, me dit-il, mais peut-être sera-t-on obligé de vous couper la jambe au-dessus du genou.

— Cependant, lui fais-je remarquer, la gangrène peut revenir. Vous couperez encore, toujours. Où vous arrêterez-vous? Dites-moi la vérité, toute la vérité. Je ne crains pas la mort, elle sera même une délivrance pour moi, je souffre trop. » Voilà où j'en étais arrivé. « Je vous certifie, me répond-il, que la gangrène ne reviendra pas. »

Il m'explique alors que la circulation du sang n'a pu se rétablir, c'est ce qui a amené toutes ces complications. Mais au-dessus du genou la circulation est normale et l'amputation, si on est obligé de la faire, n'amènera aucune suite fâcheuse.

Ces paroles me réconfortent. Je peux donc guérir, je reverrai donc les miens. Je suis comme le noyé; je me raccroche à cette planche de salut. Puisque tout espoir n'est pas perdu, souffrons encore, luttons encore. Quelques jours se passent. Je me sens mieux. L'appétit revient. L'affreuse gangrène s'en va, on ne parle plus d'opération.

J'écris à ma femme. Doucement, progressivement, je la prépare à apprendre la nouvelle de mon amputation. Fin décembre elle connaîtra la vérité, triste vérité qu'elle apprendra avec courage et résignation.

UNE JOURNEE A L'HOPITAL

C'est la fin de l'année. Voici Noël, le jour de l'an, les fêtes familiales! Je ne sais si en France on a festoyé joyeusement comme les années précédentes, je ne le crois pas. Ici on a pour un moment oublié la guerre. La Noël en Allemagne est une grande fête. En 1914, on but et on mangea copieusement pendant trois jours. On espérait toujours la victoire, on n'avait pas encore rationné les vivres. Un arbre de Noël, orné de petites lampes électriques, fut dressé sur la scène. Les infirmiers allemands chantèrent des hymnes religieux. Nous, sous l'habile direction de notre camarade T..., nous chantâmes le « Minuit chrétien ».

Un prêtre catholique nous adressa une petite allocution. Nous n'y prêtâmes que peu d'attention car cet homme qui aurait dû se présenter à nous avec des paroles de paix et de concorde à la bouche, ne cacha pas la haine qu'il avait pour les adversaires de son pays.

Noël! C'est l'occasion en Allemagne d'une distribution *Kolossale* de *Liebesgaben* (cadeaux). Tous

les infirmiers touchèrent un petit paquet renfer-
mant surtout des cigares. Les blessés ne reçurent
aucun cadeau. Notre menu fut légèrement amé-
lioré : trois jours de suite on nous donna du
cacao le matin et, à midi, un supplément con-
sistant en des choux-hachés qui ressemblaient à
des épinards. Nous fûmes autorisés à acheter un
verre de bière.

Comme nous aurions été heureux de recevoir
quelque chose des nôtres, de goûter à quelque
bonne friandise venue de France! Noël ne fut pas
gai pour nous. Le jour de l'an fut encore plus
triste. Nous avons cependant commencé la journée
en riant un instant comme des fous. Un infirmier
allemand s'était approché d'un camarade et, lui
serrant la main, lui souhaita la bonne année. Le
gaillard, un blagueur de premier ordre, lui dit
tranquillement : « C'est la première patte de c.....
que je serre aujourd'hui. » Rires fous, ahuris-
sement de l'Allemand qui a compris le mot c......
Il se précipite vers moi : « Qu'a-t-il dit? » me
demande-t-il. Je suis embarrassé pour répondre,
vous devez le comprendre : « Il a dit... il a dit
qu'il espérait ne plus manger longtemps de co-
chon ici. » Je me suis tiré comme j'ai pu de cette
situation gênante. J'ai bien semoncé un peu, pour
la forme, le camarade en question mais, au fond,
j'étais ravi de sa repartie malicieuse.

1ᵉʳ janvier 1915. — Quel souvenir gardons-nous
de toi? Amélioration dans le menu. Journée

d'ennui. Notre corps est à Magdebourg, nos pensées à tous sont en France.

C'est avec un grand soulagement que nous avons vu ces jours de fête prendre fin.

Notre vie à l'hôpital se continue, pénible, monotone.

Le matin, à six heures et demie, c'est le réveil. Ceux qui peuvent se lever, quittent leur lit. Ils vont au lavabo. Les plus valides donnent un coup de main aux infirmiers allemands. Disons mieux, ils les remplacent. Ce sont en effet nos camarades qui balayent, lavent, aident les plus affligés, ceux qui ne peuvent se mouvoir, se servir eux-mêmes. Il est en effet des malheureux qui, pendant des mois, resteront allongés sur leur lit de souffrance. Il en est d'autres qui, manchots, aveugles ou paralytiques, sont voués pour leur vie à n'être plus que de pauvres êtres qu'il faudra servir, soigner, guider comme des enfants.

Sept heures du matin. — On nous sert le petit déjeuner : café au lait avec deux petits pains, deux minuscules petits pains. Ne nous plaignons pas, nous sommes moins malheureux que les camarades qui sont dans les camps.

Neuf heures. — Autre café au lait avec une tartine de pain noir sur laquelle on a étendu du pâté de porc ou du beurre. Dans les derniers temps de notre séjour à l'hôpital les petits pains ont été supprimés. Quant aux tartines elles diminuaient de grosseur de jour en jour. Le beurre a été également remplacé par de la graisse.

Dix heures. — C'est l'heure de la visite. Notre médecin passe rapidement. Il est toujours pressé cet homme. L'autre docteur examine consciencieusement ses malades. La visite faite, nous sommes libres, nous pouvons aller au fumoir ou sortir dans le jardin. Le fumoir est une grande galerie fermée qui donne sur le jardin. Nous l'avons surnommée ainsi parce que c'est le seul endroit de la maison où il nous soit permis de fumer. Nous ne nous en privons pas d'ailleurs.

Mais ce n'est que fin décembre que je pourrai y faire ma première apparition. Un camarade m'emportait dans ses bras et me déposait dans un fauteuil. Ce n'est que bien plus tard que je pourrai me risquer à faire mes premiers pas avec des béquilles.

Pour passer le temps nous jouons aux cartes. La manille et le piquet sont très en honneur ici. Le sous-officier allemand K... a bien tenté de nous apprendre quelques jeux très en vogue en Allemagne mais nous préférons nos jeux nationaux.

Quand nous ne jouons pas nous bavardons. Nous parlons des nôtres, des lettres reçues, des espoirs qu'elles renferment, des renseignements vagues mais combien intéressants pour nous que l'on nous donne à mots couverts. C'est extraordinaire le nombre de tantes, de nièces, de grand'-mères qui ont été malades en 1914, mais pour lesquelles les médecins espèrent une prompte guérison. Nous comprenions que toutes ces parentes désignaient la France qui a couru un grand danger à la fin d'août 1914. Les Allemands n'étaient pas dupes de ces petits moyens employés pour nous faire connaître la situation générale en France. Un de mes camarades reçut un jour une lettre dans laquelle on lui disait : « Ta grand'mère a eu une forte attaque de rhumatismes qui l'a empêchée de marcher pendant quelque temps. Avec le printemps voici les beaux jours revenus, le docteur espère une grande amélioration prochaine. » En marge, le censeur chargé de vérifier la lettre avait écrit : « Elle n'est pas près d'être guérie. »

Une autre fois, un sous-officier me demanda ironiquement : « Et Marianne, comment va-t-elle? » Je lui répondis : « Elle ira tout à fait bien quand vous ne serez plus chez nous. »

Notre grande occupation est aussi de commenter es nouvelles que donnent les journaux allemands. C'est étonnant la quantité de choses fantastiques que l'on essaye de faire accroire à ce peuple naïf.

Quelques titres suggestifs édifieront le lecteur : *Le Président assassiné. — La révolution à Paris. — L'Algérie se soulève. — Les enfants de 16 ans et les vieillards de 60 ans enrôlés en France.*

Mais les lettres reçues de France restent notre seule grande joie. C'est l'unique lien qui nous rattache encore à notre pays, aux êtres aimés que nous y avons laissés. Fin janvier, je reçois la lettre dans laquelle ma femme m'annonce qu'elle connaît maintenant mon amputation. Ce jour-là, je pleure comme un enfant. Je savais bien qu'elle me prodiguerait des paroles d'affection, de consolation, je savais bien qu'elle serait brave elle aussi, mais de lire toutes ces bonnes paroles que l'on attendait cependant avec tant d'impatience, cela serre le cœur. Il faut que les larmes coulent, autrement on étoufferait. Et puis, sous ces lignes courageuses, consolantes, comment ne pas deviner, ne pas se représenter les angoisses, les souffrances de celle qui a dû pleurer aussi en pensant à moi, à tout ce que j'ai supporté?

Pauvres chers camarades! Comme vous avez ce jour-là consolé celui qui s'est cependant efforcé de vous donner toujours l'exemple du courage et de la résignation. Comme tous j'ai eu moi aussi mes heures de tristesse, de découragement. Mais j'étais l'un des plus anciens et comme aîné je devais prêcher d'exemple, montrer aux jeunes moins résistants comment l'on combat le cafard. Dans le langage des écoliers le cafard désigne le rapporteur. Pour le soldat, le prisonnier, c'est un ennui noir, affreusement noir qui vous prend sans savoir pourquoi, ni comment. On joue aux cartes, on cause, on oublie le présent en parlant du passé, en rêvant à l'avenir, rassurante chimère. Subitement le besoin se fait sentir de s'isoler, de s'allonger sur un lit, de se réfugier, solitaire, dans un coin, de penser au là-bas si lointain. Inutile de résister à ce mal subit, mal du pays, désir fou de retrouver les siens. On revoit sa maison, sa femme, ses enfants, on revit son bonheur, on songe aux horreurs de la guerre, on se rappelle les souffrances passées, on s'effraye de la captivité que l'on prévoit longue, si longue qu'il semble bien qu'elle ne finira jamais. On pense à la France, à la patrie aimée. Inutile de résister. A ces moments-là toute volonté, si forte soit-elle, s'en va, s'abîme, fait naufrage.

C'est un véritable cauchemar qui dure quelquefois des heures, un cauchemar d'autant plus pénible que vous le vivez étant éveillé. Et tout seul l'on pleure. Ces larmes calment, soulagent. L'accès est passé. Quand c'est fini on revient avec les camarades, on cause, on rit, on chante, on renaît à l'espoir.

Le flux et le reflux rongent le roc le plus dur. Le chagrin qui martèle l'âme, ces alternatives d'espoir et de désespoir fatiguent l'homme le plus courageux, l'usent, le vieillissent.

Le cafard vous prend surtout l'après-midi des jours de fête et du dimanche, après le déjeuner.

Ce dernier nous est servi à midi. Il se compose de viande et de légumes. Pas de pain. La viande que l'on nous sert est du porc, toujours du porc. Comme légumes, de la choucroute, des pommes de terre, des pâtes alimentaires, du riz, etc. Le menu est assez varié et assez bon. Nous nous plaignons surtout de ne pas avoir assez de pain.

Après le déjeuner on passe au fumoir. Souvent on fait la sieste. Trois heures. Café au lait avec deux petits pains toujours minuscules. On repasse ensuite au fumoir. Si le temps est beau, on s'ins-

talle au jardin. Six heures. Tartine avec charcu-
terie, ou soupe au lait avec du citron. Une horreur! Le régime que je viens de donner s'applique
à tous les malades de l'hôpital. Ceux qui, comme
moi, ont été plus sérieusement atteints ont droit
à un supplément. Cacao le matin à sept heures et
l'après-midi à trois heures, deux œufs et petits
pains à neuf heures.

Après six heures, tous les valides ou ceux que
l'on peut transporter se retrouvent au fumoir.
C'est la réunion au grand complet. Jusqu'à huit
heures et demie, nous bavardons, nous jouons ou
nous chantons. Nous chantons, soit à tour de rôle,
soit en chœur. Ce sont des refrains à la mode,
des airs d'opéra-comique. Nous chantons aussi 'a
Marseillaise et le *Chant du départ*. Les Allemands
ont voulu empêcher nos concerts. Ils n'ont pu y
réussir.

Nous avons parfois des séances d'hypnotisme,
des tours de force. Nous avons même fait tourner
les tables.

En dehors des heures d'abattement, trop fréquentes, hélas! nous étions gais, nous nous amusions comme des enfants. C'est cette bonne humeur qui nous a sauvés.

A huit heures et demie, nous allons nous cou-
cher. Souvent jusque vers dix heures, quelquefois
onze heures, tout en fumant ma pipe, bien que ce
soit défendu, je bavarde avec mon voisin de lit,
mon bon ami T..., que j'ai malheureusement laissé
là-bas en Allemagne.

LES ALLEMANDS

En dehors des deux médecins, le personnel de l'hôpital se compose d'une dizaine d'infirmiers, infirmiers militaires ou volontaires de la Croix-Rouge. Trois sous-officiers s'occupent de l'hôpital.

L'un, le caporal L..., est un Allemand à la face bestiale, aux yeux sournois. Il n'avait la sympathie de personne. C'est bien le type de la race. Les deux autres sont gentils. L'un d'eux même, le sous-officier K... dont j'ai déjà parlé, est devenu pour nous un excellent camarade. C'est un grand garçon solide exempté de service armé pour maladie de cœur. Il est polyglotte, il parle francais, anglais, espagnol. Il profitera même de ce que quelques Russes sont avec nous pour commencer l'étude de la langue russe. Il n'a qu'une manie, une douce manie. Comme beaucoup de ses compatriotes, il veut toujours parler de la guerre. Naturellement, en bon Allemand qu'il est, tout en déplorant les malheurs amenés par ce fléau, il vante l'Allemagne qui doit être victorieuse.

En avons-nous eu de ces discussions qui se terminaient d'ailleurs toutes à notre avantage. Souvent, quand il ne pouvait plus nous tenir tête, il s'en allait. Quelques-uns discutaient avec lui sérieusement, lui montrant pourquoi l'Allemagne serait définitivement vaincue. Les alliés avaient pour eux le nombre, l'argent, la volonté de vaincre. Cela ne le convainquait pas. Rien ne pouvait troubler sa confiance dans le succès. Pendant des mois, il nous annonça la fin prochaine de la guerre avec la Russie. Les journaux le disaient, cela devait être vrai. Presque tous les jours, on enregistrait un nombre énorme de prisonniers. Que de victoires ou soi-disant victoires nous avons entendu annoncer comme officielles (ce mot est sacré en Allemagne). C'est alors fête partout. Les cloches sonnent, les drapeaux flottent, les écoliers ont congé, les hommes... boivent.

Au début, nous avions pris ces discussions au sérieux. Quand nous vîmes l'entêtement, la naïveté de ce pauvre garçon, intelligent cependant, nous nous décidâmes à prendre la chose en riant.

Nous nous moquions souvent de ce brave K... qui, s'il discutait avec nous passionnément, ne le faisait pas méchamment. Il était sincère d'ailleurs, c'est là son excuse. Il était très taquin. Son grand patriotisme ne l'empêchait pas d'être humain, et nous devons reconnaître que si nous n'avons pas été souvent d'accord au point de vue de la guerre, nous nous entendions, à part cela, fort bien. Il a, autant qu'il l'a pu, essayé d'adoucir pour nous les **rigueurs de la captivité.**

Il était d'ailleurs dans son rôle en défendant son pays comme nous étions dans le nôtre en dé-fendant la France. Si parfois même nous étions intransigeants en ne voulant reconnaître aux Allemands aucune qualité nous devions nous avouer à nous-mêmes qu'ils en possèdent au moins une : l'organisation.

Malheureusement, ils l'ont mise au service d'une triste cause. Je citerai ici un fait qui montrera comment ces gens-là avaient préparé la guerre, prévoyant jusqu'aux moindres détails.

L'hôpital où nous étions était un hôpital de secours correspondant à nos hôpitaux auxiliaires. Cependant, en réserve, il y avait des centaines de vêtements, il y avait une lampe à pétrole pour chaque malade dans le cas où l'électricité viendrait à manquer. Nous nous gardions bien de reconnaître cette supériorité. En toutes occasions nous nous efforcions, au contraire, d'abaisser la race allemande et nous ne nous sommes pas privés de parler des atrocités commises par les troupes du kaiser.

Le caporal K... acceptait d'ailleurs tout avec une tolérance admirable. Un jour qu'il parlait des horribles combats livrés près d'Arras, disant que par humanité la France (pas l'Allemagne) devrait demander la paix, notre camarade G..., un colonial, dont le nez avait été enlevé, lui dit avec son pur accent de Toulouse : « Vous parlez de la guerre. Vous ne la connaissez pas. C'est dommage que vous ne soyez pas sur le front. Quelle belle cible

vous feriez. A deux cent cinquante mètres, je ne
vous manquerais pas. »

Le caporal K... parlait bien notre langue, mais
il lui arrivait parfois, comme à tous les étrangers,
de ne pas trouver le mot juste. Comme je défen-
dais toujours mon pays avec ardeur, il s'avisa de
m'appeler un jour patriote de luxe. Il voulait dire
patriote ardent, chauvin. Il fut bien reçu, ma foi.
« Un patriote de luxe, lui dis-je, c'est celui qui,
comme vous, parle de son amour pour la patrie,
mais ne sait pas la défendre quand elle est me-
nacée. »

Avec quel sourire, quel rire nous l'avons ac-
cueilli quand il nous annonça que l'Italie allait
peut-être marcher avec nous, mais que cela impor-
tait peu : « Beaucoup d'ennemis, beaucoup d'honneur; ces voyous, nous les battrons aussi. » Il
nous répétait sans sourciller cette phrase qu'il
avait lue dans un journal, cette phrase que tous
les Allemands ne devaient plus se lasser de répéter pendant plusieurs jours :

« Ah! monsieur K..., dit un loustic, l'Italie
contre vous, ce n'est rien, mais il paraît que la
principauté de Monaco va mobiliser aussi et vous
déclarer la guerre. — Vingt hommes, vingt ennemis de plus, ajoute un autre. — Une mitrail-
leuse, un demi-canon, lance un troisième. —
Mais beaucoup d'ennemis, beaucoup d'honneur,
dit gravement un quatrième. »

Je ne dirai pas que la discussion fut toujours
aussi amusante avec tous. Le sous-officier K...

était une exception. Il avait un caractère excel
lent. Ayant beaucoup voyagé, beaucoup vu, il avait
appris à juger les autres peuples, à reconnaître
leurs qualités, à les estimer. *Les autres, des socialistes pour la plupart, tout en rendant les capi-
talistes (anglais) responsables de la guerre, excu-
saient leur kaiser et comptaient sur la victoire
certaine de l'Allemagne.*

Les socialistes allemands ne ressemblent pas
aux nôtres ! Ils sont Allemands d'abord, socialistes, internationalistes ensuite. Ils maudissent
la guerre, le militarisme. Ils se laissent cependant
dominer par un parti militaire, ils s'aplatissent devant les chefs, ils se pavanent dans leur uniforme,
ils affublent leurs fils, des gamins de six ans, de
vêtements d'officiers et les coiffent du casque à
pointe. Rien de plus comique que de voir ces enfants faire le fameux pas de parade.

En dehors de ces infirmiers, assez corrects en
général malgré leurs petits défauts, *nous voyons,*
mais rarement, quelques *civils avec lesquels il*
nous est difficile de causer. Mais, malgré la défense qui en est faite, j'ai pu souvent m'entretenir
dans le jardin, et le soir, dans la salle, avec les
sentinelles. Ce sont en général des jeunes gens
qui n'ont pas encore vu le feu, ou des soldats
blessés légèrement, ou des soldats de la landsturm
(réserve de la territoriale). Nous sommes loin des
premiers mois de la guerre, de l'époque où l'on
criait : Paris capout ! Frankreich capout ! Si les
jeunes, ceux qui vont partir, sont encore pleins

d'enthousiasme, de foi en la victoire, les autres
hochent la tête en disant : « Malheur! »

Ceux qui ont été blessés, qui ont par conséquent
assisté aux gigantesques combats livrés sur le
front russe ou français, ceux-là savent ce que l'on
peut penser des bulletins de victoire publiés par
beaucoup de journaux. Ceux-là savent ce qu'a
coûté à l'Allemagne l'avance en Russie et en
France. Ceux-là savent que tôt ou tard leur offen-
sive sera arrêtée, qu'à leur tour les alliés avan-
ceront et vaincront. Ils protestent, mais on devine
leur doute. Ils sont si naïfs d'ailleurs qu'il n'est
pas difficile de leur faire souvent avouer leur
pensée véritable, toute leur désillusion, toute leur
haine contre des dirigeants qui leur avaient
annoncé une prompte et facile victoire. Pour sti-
muler un peu leur foi agonisante, on fait miroiter
à leurs yeux des prouesses fantastiques futures :
les zeppelins sur Londres, l'entrée en ligne des
sous-marins, l'écrasement prochain de la Russie
privée de tout matériel de guerre. Rien n'y fait.
Ils ont perdu leur grande confiance des premiers
jours. Ils ont vu leurs adversaires à l'œuvre, et
puis les journaux eux-mêmes, surtout les journaux
socialistes, laissent entrevoir un peu la vérité. Je
citerai ici la conclusion d'un article paru au mois
de février ou mars dans la *Volksstimme* (voix du
peuple). Il montrera combien a changé l'opinion
que les Allemands avaient sur l'armée française :
« Si du côté de la Russie nous avions eu affaire à
des soldats comme le soldat français et à des gé-

néraux comme le général Joffre, nous serions vaincus depuis longtemps. » Le chancelier de l'Empire lui-même, dans un discours au Reichstag,
reconnaît la valeur, le courage des adversaires de
l'Allemagne.

Par les extraits parus depuis dans nos journaux,
nous avons pu voir comment la presse allemande
avait modifié son ton arrogant. Les vieux, les
réservistes de la territoriale pensent à leurs fils
tués, à leurs champs délaissés, à la femme et aux
enfants qui manquent de tout à la maison.

Quelquefois nous voyons des officiers qui viennent pour le service ou qui nous visitent. En
général quelle morgue, quel orgueil! Il faut avoir
vu ces traîneurs de sabres, raides, sanglés dans
leur redingote, il faut avoir vu les soldats, les
sous-officiers, au garde à vous devant eux, raides
comme des piquets, non pas dans une attitude de
respect comme nous devant des supérieurs, mais
dans une attitude de crainte (ils ressemblent à
des chiens fouettés), pour comprendre qu'en
Allemagne les officiers forment une caste à part,
une noblesse qui domine le peuple.

Vis-à-vis de nous tous ces officiers, bien que
nous soyons prisonniers de guerre, sont moins
arrogants. Ils nous parlent comme à des égaux,
quelquefois même nous appellent camarades.
Camarades! Il est vrai qu'on n'en veut plus à la
France, qu'on se contente de la plaindre. L'attitude de ces chefs stupéfie les infirmiers et les
sentinelles. C'est que tous ces officiers connais-

sent la France, le caractère français. Ils savent que chez nous la discipline n'est pas basée sur la terreur mais sur l'affection. Là-bas on dit : « Monsieur le capitaine. » Chez nous on dit : « Mon capitaine. » Cette petite nuance marque toute la manière dont on considère les officiers là-bas et ici. *Monsieur le capitaine* veut dire : « Vous êtes un être supérieur à moi, je vous suivrai comme un chien parce que j'ai peur des coups. » *Mon capitaine* signifie : « Vous êtes mon chef, mais en même temps mon camarade, un camarade plus instruit, plus expérimenté que moi, que je suivrai partout, jusqu'au bout, parce que j'ai confiance en lui, un camarade que je défendrai, que je protégerai si l'occasion s'en présente. »

Je lisais, il y a quelques jours, cette anecdote que je crois vraie. Un soldat s'est conduit en brave. Son chef, le capitaine X..., le fait venir : « Je suis content de toi, dit-il. — Bien, mon capitaine. — A partir de maintenant tu vas me tutoyer, nous sommes deux frères. — Mais, mon capitaine... — J'ai dit. — Bien, mon capitaine, je te tutoie. »

On a deviné que ceci se passe en France, et non en Allemagne.

Beaucoup d'officiers parlent notre langue. Ils connaissent notre littérature, notre musique très répandues, très vulgarisées chez eux par les livres ou la scène. A Magdebourg, on jouait chaque semaine des pièces françaises : *Carmen, Sapho, les Noces de Jeannette*, etc.

EUX ET NOUS

Malgré les souffrances endurées, malgré l'ennui, le temps passe. Nous avons bien à nous plaindre parfois, nous avons bien à souffrir quelques petites mesquineries, mais nous supportons tout bravement, le sourire sur les lèvres. Nous n'en faisons presque toujours d'ailleurs qu'à notre tête et nous arrivons à ce que nous voulons.

La base de la discipline allemande, c'est la domination brutale de la part des chefs, l'obéissance servile de la part des subordonnés.

Si les inférieurs obéissent aux supérieurs presque comme des esclaves obéissent à leurs maîtres, les supérieurs, à quelque degré qu'ils appartiennent, semblent mépriser leurs inférieurs. Autant un sous-officier est plat devant un officier, autant il est arrogant avec les soldats.

Les sous-officiers, les officiers, étonnés tout d'abord de rencontrer chez nous une résistance à leurs ordres se sont peu à peu habitués à notre caractère. Nous avons réussi à nous rendre presque indépendants chez eux.

Peu à peu les petites tracasseries ont cessé ou sont devenues moins fréquentes. Elles n'étaient d'ailleurs pas très graves à l'hôpital. La plupart n'étaient pas dues souvent aux hommes mêmes qui nous surveillaient mais aux règlements envoyés de Berlin.

Je citerai un exemple. Au début (fin de l'année 1914, janvier, février 1915) il nous était défendu de recevoir du tabac, des conserves. On nous confisquait tout ce qui arrivait. Nous pouvions à ce moment acheter à la cantine de l'hôpital du tabac, des friandises, des suppléments de nourriture.

Un jour l'ordre est arrivé de ne plus rien vendre aux Français. Je m'adresse au lieutenant commandant l'hôpital, un ancien combattant de 1870, homme du monde très correct et très aimable. Il n'avait, je le note en passant, qu'une manie, celle de me répéter : « Nous ne sommes pas des barbares. Les Anglais sont des chiens. Vous devriez vous unir avec nous contre ce peuple qui vous trompe. »

J'essaye de lui faire comprendre que fumer étant notre seule distraction, il ne nous est pas possible de nous passer de tabac : « Faites-en venir de France, me répondit-il. — Mais c'est défendu. — C'est permis maintenant. — Mais, lui fais-je remarquer, notre lettre de demande va mettre trois semaines pour aller en France. Le tabac ne pourra nous parvenir que trois semaines plus tard. Nous allons donc rester un mois et demi sans fumer. — Je vous apporterai des cigares, me dit-il aimablement; surtout n'en parlez à personne. — Et mes camarades ? — Je ne peux rien pour eux. »

Nous avons tourné la difficulté. Des laveuses venaient à l'hôpital tous les jours. Je suis allé les trouver et j'ai pu obtenir d'elles qu'elles nous rapportent du tabac. Nos gardiens étaient stupéfaits de voir que malgré le règlement nous avions toujours nos blagues bien garnies. « Où trouvez-vous du tabac, me dit un jour le sous-officier K... — Vous êtes trop curieux, » lui répondis-je. Je ris encore de sa mine effarée en recevant cette réponse. Notre liberté de langage et d'action était d'ailleurs un sujet de stupéfaction pour les Allemands.

Dans son coffret à lettres (une boîte à cigares) mon camarade T... avait un drapeau tricolore, un tout petit drapeau grand comme l'ongle du pouce. Il plante ce drapeau au bout d'un cigare et le soir il nous le présente. Nous chantons le salut au drapeau.

Ce n'est rien ce joujou d'enfant, et cependant pour nous il représente la France, la patrie absente. Des larmes nous montent aux yeux. Et voilà notre loustic de T... parti, suivi de quelques jeunes prisonniers. Ils parcourent tout l'hôpital. Ils passent devant tous les lits, et les plus malades, ceux que cloue la douleur, ont la force de

sourire, de se redresser, de saluer l'emblème de
la patrie.

> Flotte, petit drapeau,
> Flotte, flotte bien haut,
> Image de la France,
> Symbole d'espérance,
> Qui réunit dans sa simplicité
> La famille et la sainte liberté.

Le lendemain soir nous présentons notre petit
drapeau au sous-officier K... A cette occasion
j'avais écrit quelques vers qui se terminaient par
cette expression favorite de notre aimable gar-
dien : « Qu'en penses-tu, mon vieux ? » Ce qu'il en
pense ? En nous voyant saluer ce joujou comme
un vrai drapeau, en nous entendant chanter la
Marseillaise, il ne trouve rien à dire que ces
mots : « Ah ! les Français, les Français ! »

Peuple léger, disiez-vous, peuple perdu, fini.
Vous ne les connaissiez pas, messieurs les Allemands, vous qui dans votre orgueil vous consi-
dérez comme un peuple prédestiné, un peuple
appelé à répandre partout sa civilisation, la kultur.
(Bien des Allemands, des intellectuels, me l'ont
maintes fois répété.)

Vous vous étonniez, monsieur K..., de nous
entendre chanter quand nous aurions dû pleurer
en captivité. Vous nous disiez : « Pendant que
vous êtes ici, que vous chantez, joyeux, vos camarades, vos frères tombent tous les jours. » Nous
répondions : « Ils meurent en chantant la *Marseillaise*. »

Je citerai le fait suivant qui montrera avec quelle insouciance, quelle bonne humeur, là-bas comme ici en France, nos poilus acceptent tout. Notre camarade G..., l'homme au nez enlevé, vient de subir une opération douloureuse. Pour lui refaire un nez on a travaillé sur lui pendant plusieurs heures. Quelques heures après l'opération, il revient à lui. Ses yeux sont bandés, il ne voit rien et restera ainsi pendant quelques jours : « Qu'est-ce qu'on m'a fait ? demande-t-il à notre camarade T... qui assiste à toutes les opérations. Je souffre de partout. — On t'a enlevé un morceau de côte, répond celui-ci, pour remplacer la cloison de ton nez. On t'a aussi enlevé un morceau de peau à la cuisse pour remplacer la peau du nez. » Tout ceci était l'exacte vérité.

Notre camarade G... réfléchit un instant, il est encore sous l'effet du chloroforme : « Mais alors, dit-il, je vais avoir des poils sur le nez, maintenant. »

Avons-nous ri ce jour-là! Remarquez que ce brave ami souffrait horriblement ayant, en dehors de ses blessures, un bras cassé. Il ne se plaignait pas, il trouvait encore moyen de plaisanter.

Et cependant quand nous souffrions trop, quand nous nous plaignions un peu, on nous traitait de douillets. Je suis trop impartial pour ne pas reconnaître la bravoure des Allemands, mais j'ai vu des blessés allemands à Constance et j'ai constaté que leur moral était inférieur au nôtre.

NOS ALLIÉS

Malgré les Allemands eux-mêmes qui, dans leurs journaux, dans leurs conversations avec les blessés, les prisonniers, ont tenté de prêcher, d'amener la désunion entre les alliés, l'entente admirable commencée entre les gouvernements pour lutter contre le militarisme allemand se continue entre les peuples, existe entre les prisonniers, les blessés de toutes nationalités.

Il y a bien chez nos alliés comme chez nous des gens peu sociables ou peu recommandables, ce sont des exceptions et le bon accord régnait entre tous les exilés.

Les camarades alliés avec lesquels nous sympathisions le plus étaient les Anglais. Malgré leur froideur qui contraste avec notre exhubérance, nous nous rapprochions d'eux parce que nous les sentions les plus malheureux, les Allemands les exécraient. La dignité avec laquelle ils acceptaient toutes les petites persécutions, le dédain qu'ils affectaient vis-à-vis de leurs ennemis nous les rendaient encore plus sympathiques. Plus on essayait de les noircir à nos yeux, plus nous les aimions. Dans presque toutes leurs conversations, les Allemands nous disaient en effet : « Vous êtes les dupes des Anglais. C'est vous qui payez les frais de la guerre. » J'ajoutais, toujours ironiquement : « Ce sont eux qui tireront les marrons du feu. »

Ils essayaient également de nous montrer que les Anglais étaient une menace pour nous : « Ils se sont installés dans le nord de la France, ils y resteront et vous ne pourrez pas les en déloger. Ce qu'ils veulent, c'est garder Calais et Boulogne. — Alors, répondions-nous, il sera temps à ce moment de nous unir à vous pour les chasser. D'ici là nous resterons fidèles à notre alliance. »

Un Anglais, le sous-officier B..., qui était avec nous, riait de bon cœur lorsque nous lui faisions répéter ces propos par le sous-officier K..., qui nous servait d'interprète. Il résumait son impression, en montrant son front, et en nous lançant ce mot dont il comprenait tout le sens : « Piqué ! »

Fous, en effet, doivent être ces gens pour accepter, pour répéter de pareilles stupidités. Bien des fois j'ai tenté de leur montrer que, même sans amitié, les Anglais avaient intérêt à marcher jusqu'au bout avec nous. Pour eux comme pour nous la situation est simple, claire : il faut battre l'Allemagne. Nous avons bien ri le jour où notre camarade anglais, toujours par l'intermédiaire de notre bienveillant interprète, interrogé par nous sur l'issue finale de la guerre, nous répondit : « Deutschland capout (Allemagne morte, perdue). »

Le sous-officier K... se tournant vers moi me dit alors, c'était la première fois qu'il me faisait un tel aveu : « Nous le savons, il faut vaincre ou disparaître. »

Déjà, à ce moment, on se rendait compte, en Allemagne, que les alliés avaient la ferme volonté de ne pas conclure de paix séparée.

C'était l'époque, 18 février, où se préparait la fameuse intervention des sous-marins. A cette date devait commencer une lutte sans merci, maritime et aérienne, contre l'Angleterre. Pas de mots, pas de phrases, disait-on dans les journaux allemands, mais des actes. Le 18 février se passa et, sauf quelques torpillages que l'on a pu qualifier d'assassinats, la fameuse tactique nouvelle n'apporta aucun changement dans le blocus de l'Allemagne.

Quelques Russes sont soignés avec nous à l'hôpital. Nos camarades russes, quoique liés à nous, non par une entente cordiale, mais par une véritable alliance, sont, reconnaissons-le, plus éloignés de nous que ne le sont les Anglais. C'est, dans l'ensemble, une race moins civilisée, moins libre que la nôtre, plus craintive, plus prête à l'asservissement, une race un peu mystique. Je disais un jour à un caporal allemand qui avait forcé un Russe à se mettre à genoux devant lui : « Vous n'oseriez pas faire cela avec un Anglais ou un Français. — Ce n'est pas la même race », me répondit-il.

Quant aux Belges, dont le pays est une continuation de la France, ils nous touchent de si près par la langue et les mœurs que nous n'avons pas grand effort à faire pour nous rapprocher d'eux, tout à fait. Les Allemands les considèrent déjà comme des sujets de l'empire germanique : « Mais, pour une fois sais-tu, nous verrons après la guerre. » Cela en dit long. Nous avons pû causer avec beaucoup de Belges qui nous faisaient leurs confidences, et nous pouvons dire que la haine contre les Barbares est immense.

Il n'est pas jusqu'à nos braves soldats noirs ou algériens que les Allemands ont essayé, sous prétexte de guerre sainte, de détourner de leur mère-patrie : la France. Ils voulaient les conduire en Turquie. Pour mieux les diriger, les manier à leur guise, ils les ont mis tous ensemble dans le même camp de concentration.

Malgré toutes leurs avances, leurs prévenances (j'ai l'impression très nette que tous les Allemands obéissaient à un mot d'ordre), ils n'ont pu réussir à changer les sentiments de ces braves serviteurs de notre pays : « Mé Français, pas Turc, mé pas aimer Allemands, aimer France. Mal parler français, mais cœur être français. »

Voilà comment s'expriment tous ceux qui, prisonniers ou blessés, restent fidèles à la mère patrie.

Quels rapports, quelles conversations peuvent

avoir entre eux tous ces gens qui ne parlent pas la même langue ? Nous arrivons à nous comprendre par gestes. Mais quelle ingéniosité il faut déployer pour cela. Peu à peu cependant les uns et les autres acquièrent un léger bagage de mots étrangers qui facilite la conversation. Les Russes, je l'ai observé à l'hôpital comme au camp, s'assimilent avec beaucoup de facilité les langues étrangères.

Nous avions un brave camarade qui avait la manie, quoique ne connaissant tout juste que le français, de vouloir causer avec les sentinelles allemandes, avec nos camarades russes ou anglais. Nous nous amusions à le regarder de loin converser gravement, s'exercer à une mimique des plus expressives. On aurait pu croire qu'il entretenait une conversation complète avec ses interlocuteurs. Quand il revenait auprès de nous, nous lui demandions quelle nouvelle il nous rapportait : « Nous ne nous sommes pas compris, » disait-il.

Un jour, notre camarade T..., celui qui nous avait présenté le petit drapeau, réunit à une même table un Français, un Anglais, un Russe, un Belge. Ils firent une partie de manille extraordinairement cocasse. Adversaires et partenaires se comprenaient sans se comprendre. On additionnait les points et les comptes s'établissaient en anglais, en russe, en français et en flamand aussi, sais-tu. Ce fut la manille des alliés.

Pour terminer la séance l'organisateur se tourna

vers le sous-officier K..., et, sérieux comme un camelot parisien sur une place publique, il lui présenta les cartes françaises qui avaient servi au jeu : « Ça, messieurs, dit-il, ce n'est pas de la camelote allemande, c'est de la bonne marchandise française. C'est cher, mais ça glisse bien. La couleur ne passe pas. C'est inusable. »

PREMIER ÉCHANGE

Déjà depuis le mois de décembre on parle d'une proposition faite par le pape : un échange aurait lieu entre les états belligérants des prisonniers blessés incapables de servir. Mais une question aussi délicate ne se règle pas en un jour surtout lorsque parmi les pays intéressés se trouve une nation qui ne veut pas agir loyalement. On nous dit que tous les gouvernements, sauf un seul, ont accepté. C'est la France qui soulève des difficultés. Quant à l'Allemagne elle a été la première à répondre affirmativement à la proposition du pape.

« C'est la faute à la France. »

Voilà ce que nous lisons dans les journaux chaque fois que l'on annonce un retard dans l'échange, voilà ce que nous entendons autour de nous. « C'est la faute à la France, dis-je un jour un peu brusquement à notre docteur, c'est naturellement toujours elle que vous rendrez responsable de toutes les actions mauvaises. Les idées généreuses, les belles actions sont réservées pour l'Allemagne, la grande, la noble Allemagne. »

Dès ce jour le docteur et moi nous ne serons plus d'accord, une sourde hostilité commence entre nous. Il me reprochera plus tard de trop parler, de trop répondre, de trop réclamer. C'était nécessaire cependant. Quand je ne serai plus là pour leur tenir tête, ils se montreront durs, arrogants, querelleurs. Je le tiens de camarades qui sont venus me retrouver au camp. D'ailleurs leur cynisme qui touche presque parfois à la folie révolte nos consciences honnêtes. On rit souvent de leurs pensées ridicules, on est parfois obligé de se fâcher. Peut-on garder son sang-froid quand on entend par exemple des énormités de ce genre. « Nous n'en voulons pas à la France, nous sommes prêts à traiter avec elle, à reprendre les bonnes relations d'avant la guerre. » Ce qu'ils entendent par bonnes relations, c'est la main mise sur notre commerce, notre industrie.

Peut-on garder son sang-froid quand on les entend traiter de légers, de dégénérés ces Français chez lesquels ils rêvent cependant de s'infiltrer, de s'implanter de nouveau?

En février, nous apprenons enfin que des listes vont être établies. Il y aura, cela ne peut être qu'une invention de l'Allemagne, une liste de blessés incapables de rendre aucun service, une deuxième liste de blessés incapables de service en campagne mais pouvant être utilisés dans un bureau, enfin une troisième liste comprenant les blessés susceptibles de guérir.

Un jour, le sous-officier L..., celui qui a une vraie tête de Boche, celui qui m'a toujours déplu, vient s'asseoir auprès de moi. Il est mielleux. Je me méfie. En général ces gens-là ressemblent aux chats, ils font patte de velours quand ils se préparent à sortir leurs griffes.

Le sous-officier veut me parler de la guerre. Je flaire le danger, je lui réponds : « Ne parlons pas de cela. C'est une question sur laquelle, vous le savez bien, nous ne pouvons être d'accord. Vous êtes Allemand, je suis Français. »

Mais il insiste comme ils savent insister, aussi bien dans la conversation privée pour faire valoir leur supériorité que dans le commerce pour vendre leurs marchandises. Énervé, agacé, je lui réponds : « Vous désirez connaître ma pensée, toute ma pensée, je vais vous la donner. Vous avez voulu la guerre, vous l'avez eue, vous l'aurez jusqu'au bout, jusqu'à votre complète défaite. J'espère la victoire de la France. Mieux, je suis sûr de notre victoire. »

Il s'en va, l'œil mauvais. Le lendemain il va me mettre aux prises avec le grand docteur. « Voilà, dit le sous-officier L..., en me montrant, l'homme qui espère la victoire des alliés. — N'est-ce pas mon droit? dis-je au docteur F... — Certainement, répond celui-ci. — Il fait plus qu'espérer, ajoute hypocritement le sous-officier, il est sûr du succès final. »

Le docteur lève les bras au ciel, des bras longs comme des poteaux télégraphiques. Il fait la grimace, comme il sait si bien la faire, c'est d'ailleurs la seule spécialité dans laquelle il se soit montré d'une réelle force. Alors monsieur le Professeur, c'est ainsi que nous l'appelions ironiquement, essaye de me démontrer que l'Allemagne, la toujours très grande Allemagne, vaincra avec le secours de Dieu (le vieux Dieu allemand) et de l'empereur, son représentant sur la terre. Il ridiculise les alliés, la France. Des infirmiers sont là qui écoutent, moqueurs.

Ah! ah! que va répondre ce Français au grand médecin? La coupe est pleine, elle déborde. D'ailleurs ne suis-je pas dans mon droit? On m'a cherché querelle, je n'ai pas provoqué. Brusquement je dis tout ce que j'ai sur le cœur : « L'Allemagne sera vaincue parce que nous avons le nombre pour nous et surtout le droit. Ce n'est pas nous qui avons fait éclater cette horrible guerre, nous n'avons fait que nous défendre. Nous n'avons pas violé la neutralité d'un petit pays, nous n'avons pas brûlé des villages, détruit des villes, tué des femmes, des enfants, des vieillards, en un mot fait la guerre en barbares. Tout cela doit se payer et se payera. Cela se paye déjà par la disette qui menace l'Allemagne, par le manque d'argent, par des pertes énormes. »

Je vais, je vais, soulageant mon cœur. Le docteur essaye bien de m'interrompre. Je ne me tais pas. « Monsieur, me dit-il brusquement, vous allez trop loin, vous oubliez que vous êtes prisonnier de guerre. — Je ne suis pas un prisonnier de guerre, lui dis-je, je suis un blessé. Si j'avais pu marcher, je ne serais pas tombé entre vos mains. Et puis, quand même je serais prisonnier de guerre! Toujours la même méthode hypocrite que vous employez, la méthode allemande. Vous êtes le plus fort, vous me tenez et vous pensez pouvoir tout me dire, m'attaquer dans ce que j'ai de plus cher, mon pays. Je ne puis répondre, je suis un prisonnier de guerre condamné au silence. Détrompez-vous, monsieur, je vous répondrai, j'irai jusqu'au bout et vous ne m'empêcherez pas de parler. »

J'ai eu le dessus; mais quelques jours plus tard j'apprenais que j'étais sur la liste 2. Je vais trouver le docteur, lui demandant quels services je peux rendre en France. « Vous pouvez, me dit-il, servir dans un bureau, être interprète. »

Ainsi j'avais été utile à ces gens, à mes camarades aussi d'ailleurs, et pour me récompenser ils me punissaient en me gardant. Je suis indigné. « Vous pouvez, ajoute ironiquement le docteur, servir de téléphoniste dans les tranchées. »

Cette fois je bondis. « Comment, monsieur, vous, un docteur, vous osez dire une pareille chose à un blessé qui aspire au jour où il rentrera en France. Votre ironie est inhumaine. Je m'arrête, j'aurais trop de choses à vous dire. »

L'ère des hostilités était commencée. La vie n'allait plus être tenable à l'hôpital. Je suis menacé

d'être expédié au camp et ceci dans les circonstances suivantes qui montreront bien que même
chez les intellectuels allemands, j'oserais même
dire surtout chez eux, le vernis de civilisation
gratté vous trouvez le barbare.

Un de nos camarades de souffrances, le sous-
lieutenant L... de l'infanterie coloniale, était aveugle. Il avait les deux yeux brûlés par une balle.
Nous causions très souvent ensemble. Pour le
distraire, lui faire oublier son horrible malheur
je lui lisais les journaux allemands que l'on me
donnait en communication. Nous avions même
obtenu, de l'oberleutnant E..., les officiers français pouvant lire ces journaux, le droit d'être
abonnés à un quotidien, le *Magdeburger Anzeiger*.
Ceci se passait après ma discussion orageuse
avec le docteur. Tous les jours un infirmier déposait le journal sur ma table. Le sous-officier L...
s'en étant aperçu signale le fait au docteur F...
Celui-ci, furieux, donne un matin à l'infirmier
l'ordre de remporter le journal. « Je ne veux pas
qu'il le lise, » dit-il. *Il*, c'était moi. Je reste calme,
impassible.

Quelques instants plus tard arrive l'oberleutnant. Dans la salle d'opération, on me l'a raconté
après, scène violente entre l'officier et le médecin.
« De quel droit vous opposez-vous à ce que le
lieutenant L... lise les journaux, le règlement le
permet. — Le règlement le permet à un officier
mais pas à un soldat, répond le docteur. *Que le
lieutenant les lise lui-même.* — Vous oubliez, mon

sieur, réplique durement l'oberleutnant, que ce malheureux est aveugle. »

Le médecin menace de nous faire partir, l'un pour la citadelle avec les officiers, l'autre pour le camp. L'oberleutnant tient bon. Nous restons et nous continuons à recevoir le journal.

Je ne partirai pas au camp, n'étant pas guéri, mais je resterai plus de huit jours sans soins.

A noter ici que seuls les officiers guéris ou valides étaient à la citadelle où, m'a dit un officier, ils n'étaient pas trop mal traités. Les officiers blessés ou malades vivaient avec nous. Ils étaient habillés comme nous (grande capote et pantalon de toile à raies bleues) et soumis au même régime. Un sous-lieutenant, sur les 60 marks qu'il recevait par mois, abandonnait 40 marks pour sa nourriture. L'établissement, m'ont assuré les Allemands, recevait 2 m. 50 par malade et par jour. J'avoue que nous n'en avions pas pour notre argent ou c'est alors que la vie était bien chère.

Quelques jours plus tard, le 19 février, quelques camarades partent pour la France. L'échange est commencé. Heureux mortels, malgré vos infirmités! Vous allez retrouver le doux pays, le beau pays de France. Vous allez revoir les vôtres, retrouver leur affection. Parmi ces privilégiés se trouve le sous-lieutenant L... auquel le docteur F... est venu hypocritement souhaiter bon voyage.

Pauvre cher lieutenant! En nous séparant nous nous sommes embrassés. Je pleure. De grosses larmes silencieuses coulent de mes yeux. Même

devant les Allemands qui nous regardent je n'ai
pu me retenir. C'est trop dur. Le sous-officier L...
me regarde en souriant, il paraît satisfait. D'autres
Allemands, parmi lesquels le sous-officier K...,
paraissent attristés. Il n'y a pas que des brutes
dans ce pays, ils comprennent ceux-là tout le chagrin, toute la douleur de ceux qui restent.

Je rentre désespéré. J'aurai le cafard toute la
journée, je l'aurai plusieurs jours de suite. Ah!
que je les hais, ces Boches. J'écris à ma femme
une lettre dans laquelle je lui explique que je ne
pense pas rentrer avant la fin de la guerre. « Je
suis, lui ai-je dit, dans un pays de haute civilisation où l'on fait grief de leur culture à ceux qui
ont de l'instruction, comme si ceux-là ne devaient
pas souffrir plus de la captivité que celui pour
qui toute la vie se résume en ces mots : boire,
manger, dormir. » Je me soulage un peu.

L'avenir m'a détrompé. J'ai retrouvé ma famille,
et j'oublie un peu l'affreux passé.

Je ne peux plus servir mon pays, monsieur le
docteur allemand, mais ce que je puis faire c'est
prêcher la guerre à outrance, la guerre jusqu'à
l'écrasement de votre militarisme et de votre
orgueil. Nous qui avons vu votre pays, qui avons
pu juger un peu de ce qui s'y passait, nous qui
avons revu le nôtre où l'on ne manque de rien, où
la population, confiante en la victoire finale,
attend, attendra patiemment si longue que soit la
guerre, nous pouvons vous crier comme là-bas :
l'heure approche où vous serez punis.

MORTS EN EXIL

J'ai vu tomber auprès de moi, sur le champ de bataille, des camarades tués brutalement. J'ai vu mourir quelques heures plus tard, à l'ambulance, d'autres camarades qui reposent aujourd'hui, enterrés pêle-mêle dans un grand trou. J'ai vu à l'hôpital de C... d'autres martyrs finir leur vie après quelques jours de souffrance.

Tout cela est atroce; mais du moins ceux-là sont morts en France; ils dorment leur dernier sommeil, enfouis sous la terre natale. Il en est d'autres, au contraire, qui sont morts près de nous en Allemagne, et qui reposent en terre étrangère, exilés encore après leur mort, et ceci est plus horrible encore.

Ils sont partis entourés, il est vrai, de l'affection de leurs camarades qui les ont soignés jusqu'au dernier moment; mais il leur a manqué la présence d'une infirmière française pour remplacer au chevet la femme ou la mère. Ils ont une sépulture, mais on ne sait où se trouve leur corps. Les voilà seuls, toujours seuls, pour l'éternité. Personne, ni fiancée, ni mère, ni sœur ne viendra pleurer sur cette tombe, la couvrir de fleurs.

Tandis que ceux mêmes de leurs camarades qui reposent en France, en Belgique, horriblement mêlés, dans des fosses communes, charniers sans nom sur lesquels repoussent les plantes, verront, aux jours anniversaires, accourir une foule émue, reconnaissante autour des monuments élevés à leur mémoire.

Là-bas, pendant notre séjour à l'hôpital, trois de nos pauvres camarades sont morts, un capitaine, un petit gars de l'active, un territorial. Ils sont partis après de longues souffrances supportées courageusement.

J'entends encore les cris de notre jeune camarade, un enfant de vingt ans. Pendant six longs mois il agonisa. C'était tellement horrible que les infirmiers allemands eux-mêmes, que le caporal L..., lui aussi, en paraissaient affligés. Il y a bien des actions vilaines à reprocher aux Allemands, il faut cependant savoir reconnaître ce qu'ils ont pu faire de bien. J'ai entendu le docteur L..., celui qui soignait ce malheureux, dire tout bas, la voix étranglée, tout bouleversé devant le lit de souffrance : « Dire que je ne peux rien pour le sauver. »

Celui-là était un homme de cœur, un homme de devoir. Malgré tous les soins, le pauvre B... mourut. La mort fut pour lui une délivrance. Brave jusqu'au bout cet enfant énergique cacha son état à ses parents. Il voulait épargner des larmes à sa mère. Il espérait d'ailleurs pouvoir en réchapper. N'était-il pas jeune, fort, bien bâti ?

Pauvres parents, pauvre papa, pauvre maman qu'il appelait à ses derniers moments ! Je leur ai écrit pour leur annoncer la triste nouvelle. Je leur ai dit aussi, triste consolation pour eux, que des camarades l'avaient soigné jusqu'à la fin comme on soigne un frère.

Pour tous ces pauvres amis nous avons rempli notre devoir. Nous n'avons pu les accompagner à leur dernière demeure. Cette faveur ne nous était pas accordée à l'hôpital, car c'étaient des soldats allemands qui rendaient les derniers honneurs. Nous avons cependant rendu un dernier hommage à ces camarades morts en exil en déposant deux couronnes sur leur cercueil.

J'ai reçu des lettres en réponse à celles que j'avais envoyées aux parents ou aux pauvres veuves. Je les conserve, elles sont affreusement tristes.

Je l'ai dit plus loin, je veux, dans mon récit, être juste, impartial. Savoir reconnaître le bien, c'est se donner le droit de dévoiler le mal.

Les Allemands, corrects avec les blessés, savent honorer nos morts. Je ne puis cependant m'empêcher de signaler des faits qui montrent bien que l'humanité allemande n'est pas spontanée, qu'elle ne vient pas du cœur. Elle est dictée par l'intérêt. Qui fait le bien en effet doit le laisser ignoré. Que leur nation, qu'un individu

isolé accomplissent un acte louable, les Allemands
ne perdront jamais l'occasion de le signaler. Il
faut que l'on sache qu'ils ont été humains.

Lorsque notre pauvre capitaine mourut, quelques paroles de louanges furent dites sur sa
tombe par le lieutenant allemand commandant
notre hôpital. Je l'ai dit, c'était un homme très
correct.

Après la cérémonie il accourut, me dit tout ce
qui s'était fait et me pria d'en faire part à tous
nos camarades.

Le lendemain un article parut dans un journal,
le *Magdeburger Anzeiger*. Il avait pour titre, je
crois : le Camarade étranger. Cet article fut en-
voyé à Mme veuve G... Je cite un passage, celui
qui nous intéresse : « Deux couronnes avaient
été déposées sur le cercueil, l'une offerte par les
officiers français des hôpitaux de Magdebourg,
l'autre déposée par une main inconnue. »

Cette main inconnue, on eût vite fait de la connaître. C'était, dirent les infirmiers, le lieutenant
allemand lui-même qui, généreusement gardant
l'anonymat, avait voulu fleurir la tombe du camarade français. Je me vis obligé de rectifier cette
erreur et de dire aux infirmiers qu'ils se trom-
paient. La deuxième couronne avait en effet été
offerte par les soldats et sous-officiers blessés
mais on avait oublié de mettre un ruban avec l'inscription.

Pour notre jeune camarade B..., un fait à peu
près indentique se produisit. On avait écrit en

allemand l'inscription : A notre camarade. Pour les passants, les curieux, le donateur pouvait être aussi bien allemand que français.

Était-ce une erreur involontaire ou voulue ? Connaissant la mentalité allemande comme je la connais aujourd'hui je penche volontiers pour l'erreur volontaire. De pareils procédés, employés dans des circonstances aussi tristes pour tromper l'opinion publique, pour lui faire croire à la générosité allemande, paraissent bien mesquins, peu propres.

Je voulais seulement apporter à nos chers disparus restés en pays ennemi tout notre souvenir ému. Je n'ai pu m'empêcher de citer ces deux faits pour montrer comment l'hypocrite Allemagne sait se servir de tout pour faire valoir sa kultur.

Dormez, pauvres chers morts que pleurent des familles en deuil ! Toujours, dans notre cœur, votre nom restera éternellement gravé.

J'ai vu la veuve éplorée de notre capitaine Je lui ai raconté la fin de celui qui lui était cher. Tout l'affreux passé est revenu. Il revit encore aujourd'hui devant mes yeux au moment où j'écris ces lignes. Je reçois en effet une lettrre des parents de notre camarade B... Elle me revient d'Allemagne avec la mention : rapatrié. Ils me demandent des détails sur la fin de leur pauvre enfant. Je les leur ai donnés quoiqu'il soit triste pour eux, pour moi aussi, de rappeler ces souvenirs.

Je n'ai pu assister à l'enterrement de nos cama-

rades puisqu'il ne nous était permis que d'assister
à la levée du corps à l'hôpital. J'ai pu cependant
avoir des détails par les infirmiers allemands. Ces
détails me furent confirmés plus tard, à Constance,
par nos camarades français valides qui eurent le
droit de conduire nos morts jusqu'à leur dernière
demeure.

Les honneurs militaires sont rendus à ceux qui
partent. Lorsque le cercueil est descendu dans la
fosse, des soldats, selon la coutume allemande,
tirent une salve de coups de fusil.

A Constance beaucoup de civils, surtout des
femmes, suivaient le convoi.

Les tombes, m'a-t-on dit, sont proprement
entretenues, parfois même fleuries. Triste privilège qu'ont ces hommes morts après la bataille
sur ceux qui, tués pendant le combat, ont l'affreuse
fosse commune ! Triste privilège qu'ils ont payé
chèrement de quelques mois d'inutiles souffrances !

Les morts en exil.

AVANT LE DÉPART POUR LE CAMP

Situation économique.

Avril. — Voici les beaux jours qui reviennent. Quelques giboulées de neige, un peu de grand froid, puis le soleil se fait plus chaud, les bourgeons éclatent, les arbres verdissent.

C'est le réveil de la nature, c'est le printemps tout plein de joie, de bonheur, de vie. Hélas! nous somme loin de la mère-patrie et, comme dit Victor Hugo : « Le mois de mai sans la France, ce n'est plus le mois de mai. »

Nous nous promenons maintenant très souvent dans le jardin, nous nous installons au soleil. Un jour nous vîmes un Zeppelin passer au-dessus de l'hôpital. Les infirmiers, les soldats nous entouraient, répétant tous, la bouche largement ouverte : « Kolossal! » Ici c'est malheureusement toujours le même horizon : des maisons, de grands murs sur lesquels on a peint une forêt d'où émerge un château, celui des Hohenzollern, des buissons, quelques bosquets et de grands ar-

bres encore nus. Dans un coin de ce parc minuscule, on aperçoit un massif de fusains au milieu
duquel se dressent trois statues, celles des trois
derniers souverains de l'Allemagne, les trois
Grâces comme nous les avons surnommés : Guillaume Ier, Frédéric-Guillaume, Guillaume II, le
père, le fils et le petit-fils. Guillaume II trône au
milieu. Notre camarade G... leur montre souvent
le poing. « On devrait leur casser la figure à ces
trois idiots-là, » dit-il. Je n'ose me servir des ex-
pressions militaires qu'emploie notre camarade.

Je crois qu'un jour viendra où le peuple allemand à son tour demandera peut-être des comptes
à celui qui l'a entraîné dans cette horrible aventure. Les pertes allemandes sont grandes et
presque toutes les familles sont en deuil.

Un soir, un camarade vient me chercher pour
aller causer avec une sentinelle qui parle d'Arras,
de kapout. C'est un jeune homme de dix-neuf ans,
un engagé volontaire. Il pleure : « Pourquoi pleu-
rez-vous? lui dis-je. — Je retourne à Arras, » me
répond-il.

Je veux savoir pourquoi ce voyage l'effraye
tant. « Oh! monsieur, me dit-il, c'est épouvantable le nombre d'hommes que nous avons perdus
là-bas. Nous avons fait trois grandes attaques sur
cette ville. Chaque fois nous avons eu au moins
20.000 hommes hors de combat. Retourner à
Arras, c'est aller à la mort. »

Et ceci se passait au mois d'avril.

L'État-major allemand, en ordonnant les attaques en masses serrées, marque un mépris complet de la vie humaine. En Russie, en certains points du front occidental, on a conduit les hommes à la mort comme on conduit des bestiaux à l'abattoir. Et ceci je le tiens d'un sous-officier allemand qui avait fait la Marne, la Russie, et qui s'apprêtait à retourner en Turquie.

Je causais un jour avec un jeune officier d'artillerie lourde qui venait de quitter Varsovie. « La ville, m'avouait-il, est presque imprenable, mais nous l'aurons même au prix de n'importe quels sacrifices de matériel humain. »

Tant va la cruche à l'eau qu'à la fin elle se casse. Certes nous aussi nous avons malheureusement à déplorer des pertes énormes. Elles ne sont pas comparables à celles des Allemands. D'après les confidences, les aveux qui m'ont été faits, d'après les listes de pertes parues dans les journaux, j'évalue à plus d'un million le nombre des Allemands tués à l'époque où je suis rentré en France, c'est-à-dire en juillet. Je sais, et ceci je puis l'affirmer, que déjà au mois d'avril d'énormes masses de troupes allaient et venaient du front occidental sur le front oriental.

Pensons aussi qu'aux deuils s'ajoute la misère, peut-être pas pour les classes riches mais pour les classes pauvres, la gêne pour les classes moyennes. On a exagéré beaucoup quand on a parlé de famine. Selon leur méthode de prévoyance, les Allemands, en prévision d'une longue durée de la guerre, ont rationné les habi-

tants dès le mois de janvier 1915. La carte de pain
a été créée.

Il n'en est pas moins vrai qu'il y a disette
d'aliments. J'ai entendu à ce sujet les doléances de
pauvres femmes avec lesquelles j'ai pu m'entretenir de temps en temps. Elles se plaignent amè-
rement que le prix des denrées augmente conti-
nuellement.

Beaucoup de femmes écrivent, en se lamentant,
à leurs maris prisonniers en France. A ce propos,
dans un journal allemand, je lus un article qui
demandait qu'on arrêtât l'envoi de ces lettres que
l'on qualifiait de dangereuses. Dangereuses, en
effet, parce qu'en France elles peuvent éclairer
sur la véritable situation de l'Allemagne au point
de vue économique.

Nous qui lisons les journaux, nous voyons
chaque jour, écrites en grosses lettres, des
annonces significatives : « Ménagez les pommes
de terre. — Mangez du pain de seigle. — Celui
qui gaspille le pain commet un crime de lèse-
patrie. »

Depuis longtemps déjà on demande aux Allemands d'apporter leur or à la banque de l'Empire.
Je sais qu'en quelques endroits on a fouillé les
prisonniers pour leur prendre l'or qu'ils pouvaient
avoir sur eux.

Autre symptôme significatif des embarras finan-
ciers allemands. Pour les mandats qui nous sont
expédiés de France, nous bénéficions du change.
Au début, vers le mois de décembre, pour

100 francs nous touchions 81 ou 82 marks, au lieu de 80 marks. En juillet, nous recevions pour la même somme 90 marks 90, soit 113 fr. 60. Comment expliquer ce change extraordinaire, si ce n'est par une diminution de la valeur de l'argent allemand?

On a parlé aussi de rafles d'objets en cuivre et en aluminium faites dans les camps. Le fait est exact.

Dernière soirée à l'hôpital.

18 avril 1915. — Demain je pars pour le camp. Déjà depuis quelque temps je pressentais ce départ. Le sous-officier L... m'avait demandé un jour ironiquement. « Voulez-vous partir pour Alten-Grabow. — Avec plaisir, lui avais-je répondu. — Vous êtes pourtant mieux ici que là-bas. — Peut-être, mais j'ai assez de la vie d'hôpital. » A mon regard il dut comprendre que je voulais lui dire : « J'en ai assez de vous voir. »

Quelle hypocrisie! Il me tenait à sa merci et semblait cependant vouloir faire le généreux. Que je réponde oui ou non, le résultat était le même.

Je suis d'ailleurs à peu près guéri maintenant. On m'a fourni une jambe de bois, un pilon de 45 marks ne vous déplaise. On m'en a dit le prix. Il faut que nous connaissions le montant des dépenses qui sont faites pour nous. Plus elles sont

fortes, plus grande doit être notre reconnais-
sance.

A propos de ma jambe de bois, je citerai un
fait qui montre bien que les Allemands ne perdent
jamais l'occasion de faire du commerce. Comme
je disais à celui qui me l'apportait que j'avais l'intention, une fois rentré en France, de me faire
faire une jambe mécanique, mon homme me
glisse une adresse, celle d'un de ses amis installé
à Paris : « Je vous recommande cette maison, me
dit-il. » Quelle audace ont ces gens-là! J'ai malheureusement perdu cette adresse.

C'est ma dernière soirée passée à Hohenzollern-
Park. Nous bavardons longuement dans la soirée
avec mon ami T... qui ne s'en va pas encore mais
qui me rejoindra dans quelques jours.

Il est onze heures du soir. L'infirmier de garde
est venu causer avec nous. La sentinelle, assise
sur une chaise, s'est endormie après avoir posé
son fusil contre le mur. Soudain la porte s'ouvre.
Un officier entre. Il va à la sentinelle et l'appelle.
Le soldat ne bouge pas. L'officier prend le fusil et
frappe à terre. Le soldat ne bouge pas. Nos camarades se sont réveillés. Des têtes curieuses se
dressent. Que va-t-il se passer?

L'infirmier est accouru auprès de l'officier. Ce
dernier a beau appeler, crier, frapper le parquet
avec la crosse du fusil, le lourd Allemand dort
toujours profondément. Alors l'officier donne un
ordre. L'infirmier se met en mesure de désha-
biller la sentinelle. Nous rions comme des fous

et nous avons bien du mal à étouffer notre rire.

Les bottes sont retirées. Le soldat continue à ronfler. Le valet de chambre improvisé va lui retirer son paletot. Heureusement, en lui dégrafant le col, il serre le cou du dormeur. Celui-ci s'éveille enfin. Il s'étire un moment. Brusquement le voilà qui se dresse comme un diable à ressort sorti d'une boîte. Il a aperçu l'officier. Il se met au garde à vous. En chaussettes, le paletot à demi-ouvert, le béret de travers, la figure ahurie, il est grotesque.

Ah! le malheureux! Comme on le traite. L'officier ne crie pas, il hurle. Le voilà tout à coup qui, pour calmer sa colère, fait le tour de la salle. Toutes les têtes, curieusement dressées, se posent vite sur l'oreiller. Rassurez-vous sur le sort de la sentinelle endormie. Elle en fut quitte pour la peur, car l'officier était au fond bon diable sans doute, en effet, il n'infligea aucune punition.

ARRIVÉE AU CAMP

19 avril. — Nous quittons Hohenzollern-Park
pour notre nouvelle villégiature, le camp d'Alten-
Grabow situé à 50 kilomètres environ de Magdebourg. Je laisse de bons amis qui bientôt vien-
dront me rejoindre.

Le sous-officier L... assiste à notre départ. Je
tourne la tête pour ne pas être obligé de lui dire
au revoir. Le sous-officier K... nous accompagne
jusqu'à la porte. Il paraît très ému. Je ne puis
m'empêcher de le plaisanter encore une dernière
fois. « Au revoir, lui dis-je, je vous attends à
Paris, après la guerre, pour boire une bouteille de
champagne en l'honneur de la victoire française. »

Les soldats qui nous accompagnent sont corrects, empressés à nous aider pour monter et
descendre. Toujours le même mot. « Malheur, la
guerre ! »

Deux heures plus tard nous arrivons. Aux abords
du camp nous apercevons des prisonniers travail-
lant dans les champs, sur les routes. Toutes les
nations alliées sont représentées. Nous débar-

quons et lentement, très lentement, nous nous
dirigeons vers le camp. Une longue avenue, avec
de chaque côté des bureaux, des écuries, des remises, voilà ce qui frappe d'abord nos yeux. Arrêt
au bureau de la Kommandantur. Je donne comme
profession : cultivateur. Ceci me permettra quelques jours plus tard d'être inscrit sur la liste 1.

Quelques médecins français passent. Ils nous
interrogent. Nous nous renseignons, nous aussi.
Le camp a une bonne situation au point de vue
sanitaire. Nourriture insuffisante et mauvaise. Discipline dure.

Notre inscription est faite, nous quittons la
Kommandantur. Nous tournons à gauche et nous
franchissons la première enceinte. C'est une route,
avec des portes de distance en distance, limitée
de chaque côté par un quadruple rang de fils de
fer. Elle fait le tour du camp. Une sentinelle
monte la garde tous les 15 ou 20 mètres.

Nous arrivons à la deuxième enceinte intérieure, autre route défendue et gardée comme la
première. Nous apercevons un petit monticule
sur lequel est un canon braqué vers le camp. Un
peu à droite est un bâtiment qui renferme des
mitrailleuses. Tout cet arsenal est destiné à réprimer toute tentative de révolte.

De temps en temps, pour exercer nos gardiens,
pour nous terrifier aussi sans doute, on fait des
alertes. J'ai eu l'occasion d'assister à un exercice
de ce genre. Le clairon allemand, à la voix grêle,
se fait entendre. Les sous-officiers, les sentinelles

crient : Baraque ! Il n'y a plus personne dehors.
Les deux routes, celle intérieure et celle extérieure, sont garnies de soldats. Les artilleurs, les
mitrailleurs sont à leur poste. Sans armes, sans
défense, nous serions à leur merci.

Je reviens au récit de notre arrivée au camp.
Nous nous arrêtons pour laisser passer une troupe
de prisonniers russes qui se rendent au travail.
Ils paraissent bien maigres, bien fatigués. Des
yeux brillants dans des faces jaunies par le hâle
et les privations, voilà ce qui nous frappe tout
d'abord. Malgré la chaleur quelques-uns ont mis
leur capote.

Nous avons franchi la deuxième enceinte, nous
sommes de nouveau prisonniers. Quand je la re-
franchirai bientôt ce sera pour retourner en France.

Nous sommes affectés à la baraque 1 (compagnie 1, bataillon 1). Nous recevrons dans quelques
jours une plaque de zinc avec un numéro. J'aurai
le n° 1. Notre maison est un peu plus loin sur
notre droite.

Dans le camp il y a cent baraques qui peuvent
renfermer chacune trois cents prisonniers. De
l'endroit où nous sommes, nous ne pouvons voir
tout le camp dans son ensemble, bien que nous
soyons sur le point le plus élevé du plateau. Dans
quelques jours, en visitant le bataillon 2, je
pourrai mieux le voir, s'étendant, semblable à une
colossale usine sans cheminées, sur un coteau à
pente douce. Sur l'autre versant de la vallée, des
bois, un village.

Rien de plus triste au premier abord que cette
suite de longues baraques en bois, avec des toits
plats, toutes bâties sur le même modèle. On se
croirait dans une ville monotone du Nord ou dans
un village, un coron de mineurs. Là aussi on
trouve des centaines de maisons ayant la même
architecture, construites avec la même brique
rouge.

Sur toute la longueur de la baraque il n'y a pas

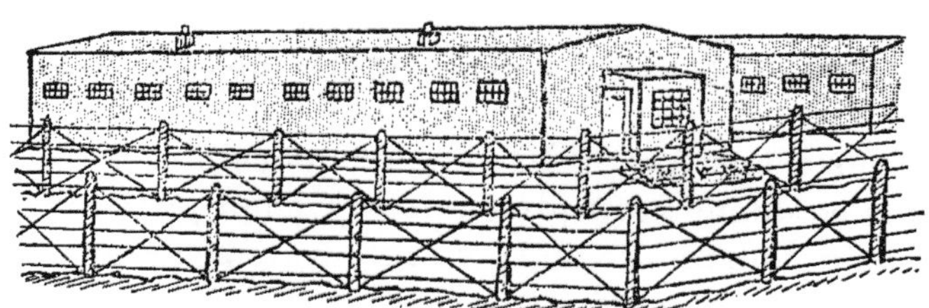

Baraque vue de l'extérieur. Clôture.

de portes. Les entrées se trouvent à chaque
extrémité. Une longue allée centrale dessert la
baraque. Celle-ci se divise en deux parties sépa-
rées par une cloison, ce qui donne l'impression
de deux baraques jumelles accolées. Chacune de
ces parties se divise à son tour en cinq. Nous
sommes une trentaine dans chacune de ces stalles,
quinze de chaque côté de l'allée centrale. Les
paillasses se touchent. Ici en effet nous n'avons
pas de lit. La paillasse même est un luxe.

Au début, nous raconteront ceux qui sont
arrivés vers le mois d'août ou septembre, le camp,

avec toutes ses maisons, n'existait pas. A sa place
s'étendait une grande plaine sablonneuse. Tous,
prisonniers valides ou blessés, couchaient dans
des écuries, à même le sol ou sur un peu de
paille. Ce sont les futurs habitants de cette petite
ville qui l'ont eux-mêmes construite.

Nous retrouvons des camarades d'hôpital qui
nous ont précédés au camp. Ils ont appris notre
arrivée et sont venus nous voir. Rapidement nous

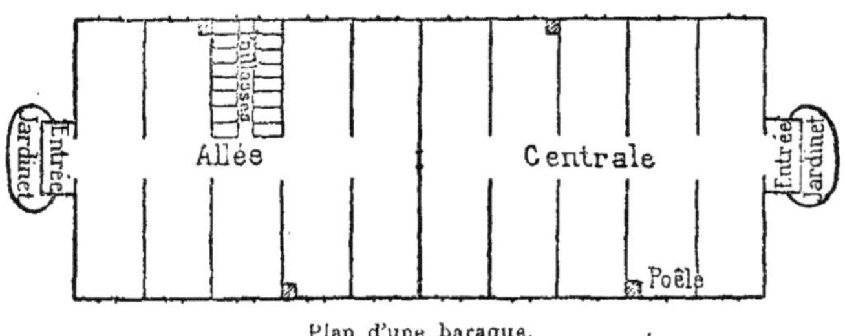

Plan d'une baraque.

leur racontons ce qui s'est passé depuis leur
départ. Rapidement ils nous donnent des détails
sur la vie au camp et des nouvelles des amis qui
sont avec eux.

D'autres prisonniers, des inconnus, nous interrogent, pensant que nous arrivions tout nouvellement du front. Pour ces malheureux, internés
là depuis des mois, l'arrivée de nouveaux venus
est un grand événement. Par ces derniers, ils
espèrent avoir quelques renseignements sur la
France, sur l'extérieur. Nous avons peine à avancer
tant nous sommes entourés.

Nous pénétrons dans la baraque 1. Exténués, ahuris, nous attendons les ordres du chef de baraque, un adjudant belge. Nous entendons parler toutes les langues. C'est un tel vacarme autour de nous que nous aurons certainement tout à l'heure un fort mal de tête. Nous sommes si fatigués que nous voudrions bien nous asseoir. On nous désigne enfin notre place.

Nous allons succéder aux Russes qui vont emménager dans la travée voisine. D'après ce que j'ai entendu dire sur leur propreté douteuse, je m'attends à être bientôt couvert de vermine. Ce sont des locataires dont, paraît-il, il n'est prudent de prendre la place qu'après une sérieuse désinfection des locaux.

J'aurai là chance, rassurez-vous, d'échapper à cet inconvénient. Cependant, dès le lendemain, d'autres camarades seront occupés déjà à une chasse qui, je vous prie de le croire, sera très fructueuse. Ils peuvent chanter cette chanson de mode au camp :

> Dans le dos, ça me chatouille
> Vite prenons mon fusil
> Afin que je l'écrabouille
> Et lui casse ses abatis.

Les Russes ont déménagé. Nos voisins de l'autre travée, des Belges, viennent nous donner un coup de main. Ils enlèvent le plus gros de la poussière, ils installent notre paillasse. Celle-ci, avec trois couvertures, un plat pour la soupe, une cuiller, constitue tout notre mobilier. Comme linge nous recevons une serviette qui doit nous servir pour toute la durée du séjour. Nous tombons sur notre paillasse.

Midi. — C'est l'heure de la soupe. Les prisonniers valides vont se la faire servir au milieu de la baraque. Les blessés sont servis à domicile, on la leur apporte.

Ce jour-là, ma foi, elle n'est pas trop mauvaise. Ce sont des pâtes alimentaires. La viande brille par son absence. Le menu, me semble-t-il, n'est pas aussi mauvais qu'on me l'avait annoncé. Il paraît cependant que ce rata acceptable est exceptionnel. Je m'en apercevrai.

Le déjeuner terminé, nous finissons notre installation. Ce n'est pas long. Quelques clous au mur pour accrocher nos effets et nos musettes, c'est tout. Nous voudrions bien un peu d'eau pour nous laver. Les camarades russes, installés derrière nous, se précipitent pour nous en apporter. — Camarades! C'est le seul mot que nous comprenons quand ces aimables compagnons nous adressent la parole. Il est vrai que ce mot est universellement connu depuis que les Allemands l'ont mis à la mode dans cette guerre atroce en criant si souvent : « Kamarades, pas Kapout! »

IMPRESSION GÉNÉRALE

La nouvelle de notre arrivée s'est répandue. Tout se sait vite au camp, nous avons l'occasion de le constater, nous le constaterons très souvent plus tard. Nous recevons la visite de camarades d'autres bataillons. Ils ont pu se faufiler jusqu'ici pour nous serrer la main.

Il est défendu cependant de circuler d'un bataillon à l'autre. Chacun d'eux est entouré d'une quadruple rangée de fils de fer. Des sentinelles veillent aux portes de communication. On trouve moyen de tromper la vigilance des gardiens par toutes sortes de subterfuges. Tantôt c'est un prisonnier qui passe avec des outils pour aller faire une réparation, tantôt c'est un malade qui, tout boitant, s'en va au pansement, tantôt c'est un homme, avec un brassard de la Croix-Rouge, qui se rend à l'infirmerie. Mais gare à ceux qui se font prendre !

Nous allons maintenant visiter le domaine inconnu que nous n'avons fait qu'apercevoir ou plutôt la seule partie dans laquelle il nous soit permis de nous promener. Nous pouvons aller dans les vingt-cinq baraques du bataillon ou sur la plage.

Nous avons donné ce nom pompeux à un grand espace sablonneux qui s'étend entre les deux routes, l'intérieure et l'extérieure. Au premier bataillon nous sommes des privilégiés car notre promenade est assez vaste. Elle est même couverte de maigres arbres dont chacun donne juste assez d'ombre pour un homme. C'est là que viennent les inoccupés : les grands blessés ou les prisonniers qui sont assez malins pour échapper à la corvée. Souvent d'ailleurs les sous-officiers allemands, les sentinelles viennent faire la chasse à ces derniers. C'est là aussi que le soir, après la soupe, ou le dimanche, jour de repos, se réunit la foule qui veut échapper à la forte odeur, à la chaleur des baraques.

A certaines heures de la journée c'est un véritable grouillement d'hommes qui causent, discutent, se chamaillent en toutes langues. On voit là, en dehors des uniformes des alliés, toutes sortes de vêtements bizarres. Lorsque nous arrivons on inaugure la belle saison par le lancement d'un costume nouveau : caleçon, espadrilles, ceinture de couleur, chemise, chapeau de paille ou de toile. Ce dernier est façonné avec les toiles d'emballage des colis.

Quant aux uniformes, on en voit de superbes, tout flambant neufs, que leurs propriétaires se sont fait expédier de France. J'ai vu là pour la pre-

mière fois le bleu horizon qu'arborent aujourd'hui
nos poilus. D'autres uniformes sont bizarrement
composés : calot belge, veste anglaise, pantalon
rouge, capote russe. D'autres enfin sont miséra-
blement usés. Les taches, les pièces qui les couvrent témoignent d'un long service. Des civils de
tout âge, ramassés en Russie, en Belgique, dans
le nord de la France, sont en nage sous le misé-
rable veston qui les a si mal protégés contre le
froid, cet hiver.

Je n'ai pas le temps en un jour d'examiner
attentivement et en détail toutes les choses nouvelles et curieuses qu'il m'est permis de voir dans
cette ville en miniature.

Un camp est en effet une véritable ville avec
ses maisons qui sont les baraques, avec ses rues
qui sont les passages entre ces dernières, avec
ses places publiques, espaces plus ou moins
grands où, comme je l'ai dit plus haut, les prisonniers viennent prendre l'air le soir, ou le dimanche. Il y a aussi des jardins minuscules
devant la porte des baraques, des jardinets de
12 mètres sur 6 ou 8 mètres qui sont de véritables merveilles. Ce sont comme des oasis dans un
désert.

C'est à un désert en effet que devait ressem-
bler, lorsqu'il était nu, ce plateau où le vent
souffle très fort, même en été, soulevant des tour-
billons de poussière, où il cingle, piquant, en
hiver, quand on patauge dans une boue épaisse et
froide. J'aurai l'occasion de constater dans quel

état peut être le camp par un temps froid et plu-
vieux, car nous aurons, fin avril, quelques fortes
chutes de neige et d'eau avec un abaissement très
brusque de la température.

En quelques mois les prisonniers ont trans-
formé toute la plaine sablonneuse. Ils ont tout
construit, tout monté, tout établi : baraques, cabi-
nets, buanderies, bains-douches, hôpital, canali-
sations d'eau et fontaines, éclairage électrique.

Peut-être cette ville manque-t-elle de magasins,
de voitures. Il y a cependant des marchands, des
commerçants, des industriels, nous en parlerons
plus loin. Nous croisons quelques chariots, mais
ils sont traînés par des hommes. Une longue
chaîne est attachée à la voiture, de chaque côté
de cette chaîne marchent des prisonniers qui
tirent, d'autres poussent derrière, d'autres suivent avec des pelles ou des pioches. Des soldats,
le fusil à la bretelle, les escortent. Voici, à l'entrée
du camp, un grand chariot rempli de colis. Là
encore les hommes remplacent les chevaux.

En face de nous, de l'autre côté des grillages,
il y a une route en construction. Pour l'aplanir
on emploie un gros rouleau qui est traîné par une
centaine d'hommes. Immédiatement passe devant
mes yeux une image que j'ai vue bien souvent
autrefois dans mes livres de classe et dont j'ai
gardé un souvenir impressionnant, elle représen-
tait des forçats tirant un rouleau. Il me semblait
alors que ces hommes, attelés comme des bêtes,
se trouvaient dégradés. Je ne m'apitoyais pour-

tant pas sur leur sort, ils le méritaient. Ici nous ne sommes pas au bagne. Les hommes qui sont là n'ont commis aucun crime, ce sont des camarades français ou alliés. Cela me fait mal de les voir contraints au même travail que des bagnards, de les voir surveillés comme eux.

Les Anglais m'ont paru être bien maltraités. Ici, comme partout, on se venge d'eux, on leur fait supporter la rancune nationale. Ce sont eux qui sont chargés des besognes les plus dégradantes, les plus malpropres. Quelques jours plus tard je serai le témoin d'une révoltante brutalité. Un camarade anglais, un blessé, se trouvait assis au pied d'un arbre. Arrive une voiture accompagnée d'un sous-officier. Celui-ci trouvant que l'Anglais ne se dérange pas assez vite (il y avait cependant place pour la voiture) s'approche de lui et le giffle. Je vois encore le sursaut, le haut-le-corps de ce malheureux. Il se domine cependant. Sans rien dire il s'en va, non sans avoir jeté à son bourreau un regard tout chargé de mépris et de haine.

Quant aux Russes, pauvres êtres qui semblent pour la plupart grelotter malgré la chaleur, ce sont des gens qui ne paraissent pas compter pour les Allemands. Tels je les avais vus sur la route, tels je les retrouve au camp. Maigres, décharnés, ils vont, toujours fumant. Ils ont à la bouche une éternelle cigarette faite avec un morceau de papier journal et du tabac trouvé je ne sais où. Papyros (cigarette), c'est le grand mot qui les intéresse.

Tous, ou à peu près tous, sont dénués d'argent.
Ils ne reçoivent pas non plus de colis. Ils ne
mendient pas cependant. Pour avoir quelques
sous ils font du commerce. Ils vendent tout ce
qui peut se vendre, même leurs bottes. Je n'ai pas
besoin de dire que ceux-là sont obligés de se
contenter de la maigre nourriture du camp. On
s'en doute d'ailleurs à voir l ur triste mine. Ils
dévorent leur maigre pitance avec avidité.

Nous avions quelques Russes qui s'occupaient
de nous, ils nous apportaient de l'eau, nettoyaient
nos plats. Nous leur abandonnions notre ration,
nous leur donnions un peu de ce que nous recevions de France, victuailles ou tabac. Jamais nous
n'avons pu leur faire accepter d'argent. Ils nous
étaient dévoués comme des chiens.

Quant aux autres, ceux que personne ne peut
aider, ils dévorent tout. J'en ai vu ramasser et
manger des épluchures de fruits, de fromage,
avaler des harengs entiers y compris la tête, net-
toyer les boîtes de conserves vides que nous
avions jetées, pour y trouver un maigre résidu.

Les Allemands brutalisent facilement les
Russes, mais ceux-ci trouvent souvent moyen de
se venger. Un jour, une sentinelle donne un coup
de crosse à un Russe. Celui-ci, à la tombée de la
nuit, accourt avec quelques camarades. Ils tombent tous sur la sentinelle, l'accablent de coups et
s'enfuient. Allez donc les retrouver dans les quelques milliers de prisonniers du camp!

LA VIE QUOTIDIENNE

Le soir, avant de m'endormir, je rêve longtemps. Je pense à la vie que je vais mener ici et
qui, certainement, manque de charmes. Et cependant je ne suis pas le plus à plaindre. Ne suis-je
pas resté pendant près de huit mois dans un hôpital où le régime est acceptable ? J'arrive au
camp au moment de la belle saison, et comme je
n'y resterai que peu de temps, je ne connaîtrai
pas les affreuses journées d'hiver. Recevant régulièrement de l'argent et des colis, je ne man-
querai de rien. Et puis n'ai-je pas eu la chance de
tomber dans un camp considéré comme un des
meilleurs de l'Allemagne !

J'ai appris, et cela a été pour moi un grand
désappointement, qu'une centaine de camarades
estropiés étaient partis le 16 avril, quelques jours
avant notre arrivée, pour être dirigés sur Constance en vue d'un prochain échange. Nous n'avons
pas de chance, nous sommes arrivés trop tard.

Autre désappointement. Quelques jours plus
tôt Sa Majesté Impériale est venue visiter le

camp. Nous n'aurons pas eu le bonheur de voir Guillaume.

Six heures du matin. — C'est le réveil. Dès quatre heures, nos voisins sont déjà debout; ils font un bruit infernal qui nous empêche de dormir. Nous restons cependant au lit. Il est si bon de faire la grasse matinée, douillettement enfoncé dans un lit moelleux. Lit moelleux!!! Nous ne nous levons que plus tard car, pour les blessés, on n'applique pas la règle générale.

On nous apporte le café ou plutôt ce qu'on appelle le café. C'est une sorte de mixture noire préparée, je crois, avec des glands grillés, et dans laquelle on trouve à boire et à manger. Nous recevons notre ration de pain KK, 200 grammes pour la journée. C'est un mélange épouvantable de pommes de terre, de seigle, d'orge, de son, etc. Figurez-vous un bloc de mastic foncé, représentant la mie, revêtu d'une couche de vernis marron qui serait la croûte. Nous partageons gravement ce pain ignoble en cinq parties égales. Les plus gourmands mangent tout immédiatement de sorte qu'il ne leur reste plus rien pour la journée.

Nous en dégustons une portion avec le café. C'est un peu difficile à avaler, cela forme pâte dans la bouche. A la guerre comme à la guerre. Bientôt, heureusement, arriveront de France des colis qui nous permettront de ne pas mourir de faim. Malheureusement le pain qu'ils renferment sera le plus souvent moisi. Rien d'étonnant à cela, les colis mettent vingt à vingt-cinq jours pour nous arriver.

Sept heures et demie. — Nous nous levons. Les paillasses sont pliées en deux. Nous allons procéder à notre toilette. Comme la veille, nos camarades russes, très empressés, nous apportent de l'eau. Des camarades se livrent à la chasse aux petites bêtes.

Des sous-officiers allemands traversent la baraque en criant : *Heraus!* (dehors). C'est l'heure de l'appel et du départ pour les corvées. Nous restons seuls dans notre petit coin, car nous n'avons pas à sortir, nous trouvant en dehors de la règle générale. Nous n'avons pas à répondre à l'appel qui se fait trois fois par jour, le matin, à midi et le soir. De notre part, on n'a sans doute pas à craindre de tentative d'évasion.

Huit heures. — Nous allons faire un tour à la plage. Je retrouve là des camarades que je n'avais pas vus depuis Cambrai. L'un d'eux qui a perdu un œil voit depuis quelque temps l'autre diminuer de force. Pauvre ami! Il a pourtant eu de la chance, celui-là. Grièvement blessé, il était resté vingt-quatre heures évanoui sur le champ de bataille. On l'avait relevé comme mort et jeté dans un trou avec les autres. Le choc, la terre jetée sur lui l'avaient réveillé. Il avait poussé un gémissement. On le retira. Il était temps. Aujourd'hui, le voilà aveugle.

Parmi tous les infirmes que nous voyons autour de nous, mutilés, paralytiques, aveugles, ces der-

niers sont certainement les plus à plaindre. Quelle
chose affreuse de penser que, pour toujours, on
va dorénavant s'agiter dans le noir, un noir
éternel. Désormais, ils ne pourront plus se conduire seuls, ils sont redevenus enfants. Ils ne
verront plus rien, ni les chers visages, ni la nature. Ils ne vivront plus jamais que de souvenirs.
Et cependant ils s'habituent à leur sort, ils ne se
plaignent pas de ce malheur qui leur est arrivé
en servant la France. Ils se résignent. « Nous
nous ferons une vie, » disent-ils. Quel courage !

Neuf heures et demie. — Le besoin se fait sentir
de manger un peu. Je retourne à la baraque pour
engloutir rapidement mon deuxième petit morceau de pain que je mange avec du fromage. Au
camp, nous pouvions encore, au mois de juillet,
nous procurer quelques aliments : miel, fromage,
œufs, saucisse, compote.

D'après ce que m'a dit un camarade revenu en
décembre dernier il n'en est plus de même aujourd'hui. Ensuite, nouvelle flânerie sur la plage.

L'heure du déjeuner approche. Je ne me souviens pas de ce qui nous a été servi ce jour-là,
mais à partir de ce moment j'ai appris à connaître
et à apprécier à sa juste valeur le menu varié qui
nous était offert : carottes fourragères, son, orge,
betteraves, rhubarbe, quelquefois soupe à la
morue, quelquefois soupe au hareng ou des harengs avec des pommes de terre. Il paraît que
notre soupe renferme de la viande. Nous en avons
vainement cherché quelques débris assez gros.

L'après-midi, nouvelle promenade à la plage, sieste ou bavardage en fumant. Je parle naturellement ici de ceux qui ne sont pas astreints à un travail quelconque.

Six heures. — C'est l'heure du dîner. Nouvelle soupe bien maigre, bien claire. Avec elle disparaît le dernier morceau de pain. Comment s'étonner qu'avec un régime aussi peu réconfortant il y ait tant de mines piteuses, tant de visages pâles et fatigués ! Ceux qui, privés de tout supplément, reviendront de là-bas après des mois de captivité, auront leur santé bien compromise. Pour la plupart nous avons heureusement, en France, des parents, des amis qui pensent à nous et nous envoient de l'argent et des colis.

Malheureusement l'argent ne nous arrive pas toujours. Beaucoup de mandats s'égarent. J'en ai plusieurs qui ne m'ont pas été payés et qui se promènent encore en Allemagne. D'autre part, sur notre compte, nous ne touchions que dix marks tous les quinze jours. Et puis, même avec de l'argent, il n'est pas toujours possible, dans bien des camps, de pouvoir acheter ce dont on a besoin, surtout maintenant.

Quant aux colis, reconnaissons-le, ils arrivent assez régulièrement maintenant du moins. J'en avais reçu quelques-uns à l'hôpital. J'ai prévenu ma femme qu'ici j'avais besoin d'en recevoir beaucoup. Régulièrement, elle va dorénavant m'envoyer un colis de victuailles, deux colis de pain, un colis postal de tabac chaque semaine.

Nous attendons avec impatience ces renforts.

Ils nous aident tout d'abord à vivre. Quel bonheur aussi pour nous de manier toutes ces choses qui viennent de là-bas. Elles sont bien un peu bousculées. Elles ont, ne l'oublions pas, fait un voyage mouvementé. Puis, dès leur arrivée au camp, les colis sont visités par des Français sous la surveillance d'Allemands. Il est défendu, en effet, de recevoir de l'alcool, des journaux. Comme il arrive à Alten-Grabow une moyenne de 2.500 à 3.000 colis par jour, il faut faire vite pour les vérifier.

Quel bonheur pour nous quand un journal français peut échapper aux recherches. Il circule de main en main dans tout le camp.

Malgré le désordre résultant de la visite, nous reconnaissons cependant la main féminine au rangement de nos paquets. Nous pensons que tous ces objets ont été touchés par des êtres chers, que nos amis, nos parents ont pensé à nous en préparant cet envoi. C'est avec une joie d'enfant que nous les ouvrons Dans chaque paquet je trouve des fleurs fanées, séchées, mais leur parfum passé est exquis, c'est un parfum de France.

Fraternellement nous partageons entre nous nos provisions et nous invitons à notre table un camarade moins fortuné.

Je me souviens d'un déjeuner monstre auquel j'ai été convié quelques jours après mon arrivée au camp par le camarade P..., frère d'un de mes anciens camarades d'école. Il y avait des sardines, du pâté de foie, du veau aux haricots, du jambon, du cake, du café, le tout venu de France naturellement. C'était un vrai régal, mais le pain était un peu dur.

Quelques jours plus tard, ayant reçu régulièrement mes colis, je pus à mon tour faire la bonne surprise à mon ami T..., nouvellement arrivé au camp, d'un repas supplémentaire. Ce jour-là, au menu officiel, il y avait de la rhubarbe. Notre ami fit la grimace. Nous avions heureusement mieux à lui donner.

La grande occupation au camp est de jouer ainsi à la dînette, de préparer sa cuisine particulière. C'est là un jeu inspiré par la plus cruelle nécessité. On joue aussi aux cartes. On s'étend sur la paillasse, on somnole, on rêve, on a le cafard... souvent.

Le soir, à la belle saison, il faut être rentré à huit heures et demie dans les baraques. Jusqu'à dix heures on joue au piquet. Ensuite au lit. Pour regagner sa paillasse, on escalade des dormeurs serrés les uns contre les autres. Les nuits sont froides et, s'il fait chaud le soir, le matin on gèle. Il paraît que l'hiver les quatre poêles de la baraque ne sont allumés que tous les deux jours; on doit avoir souvent l'onglée. Rapidement on arrange son lit, puis l'on se déshabille à demi. Le pantalon plié sert d'oreiller. On s'enveloppe dans sa capote. Une couverture sert de drap. On étend les deux autres sur soi. On essaye alors de s'endormir vite pour oublier.

LA DISCIPLINE

Il semble, d'après ce que j'ai dit précédemment, que l'on jouisse au camp d'une certaine liberté. On peut, dans un bataillon, aller et venir à sa guise en dehors des heures de corvée. Ceux qui sont dispensés de travail, gradés et blessés, y peuvent flâner à toute heure.

Il y a cependant des règlements auxquels il faut se soumettre. Rien à redire à cela. Dans toute grande réunion d'hommes il est nécessaire d'établir des règles pour éviter le désordre. Cependant les sous-officiers et les soldats qui sont chargés de les faire respecter se montrent parfois très durs.

Quant aux peines réservées à ceux qui sont pris en faute, elles sont très sévères. Les sentinelles ont ordre de tirer sur tous ceux qui essayent de s'échapper du camp ou de passer d'un bataillon à l'autre. Déjà plusieurs camarades ont été tués ou grièvement blessés.

Certains gardiens ne se font pas faute de brutaliser ceux qui n'obéissent pas assez vite à leurs ordres. Ils les frappent même à coups de crosse. J'ai parlé du pauvre Anglais que j'ai vu giffler devant moi. Je vais relater un autre fait.

Toutes les semaines, les prisonniers sont conduits aux bains-douches. Le soldat, chargé de la surveillance, était le vrai type de la brute allemande. Comme des prisonniers, leur bain pris, ne se rhabillaient pas assez vite au gré de cet individu, celui-ci se mit à les frapper avec un lourd morceau de bois. Quelques-uns furent assez grièvement blessés. Un bras démis, une figure coupée, des contusions multiples, tel fut le résultat de cette agression brutale. Sur réclamation du médecin français une enquête fut faite, pour la forme naturellement. Je ne sais si ce lâche a été puni.

Pour réprimer la désobéissance, deux punitions sont en honneur au camp : le poteau et le cachot.

Deux heures durant, quel que soit le temps, le patient reste attaché solidement, exposé à toutes les intempéries. La première fois que j'ai vu ce triste spectacle, j'ai été bouleversé. Voilà un être intelligent que l'on expose ainsi que les condamnés attachés autrefois au pilori. C'est une atteinte à la dignité humaine, car il y a là quelque chose d'humiliant.

Et puis, en dehors de cette question d'amour-propre, il y a la question de santé. Combien de camarades, exposés ainsi au froid, à la pluie, au soleil, y ont gagné des insolations ou des refroidissements. N'allez pas croire que pour mériter un tel châtiment les coupables aient commis une faute très grave.

Un de nos plus charmants et spirituels camarades, le dessinateur bien connu J. B..., fut un jour pris à fumer entre les baraques. Il n'est permis de fumer que sur la plage. Il était, de plus, arrivé en retard à l'appel.

Il eut quatre heures de poteau à faire en deux jours. Je l'ai vu attaché pieds et poings liés. Les Allemands avaient serré fortement les liens. Tout heureux ils se promenaient autour du poteau, éloignant les prisonniers qui, les yeux pleins de pitié et de révolte, venaient saluer leur camarade, lui prodiguer leurs paroles d'encouragement. Pour ces brutes,

La discipline au camp.

le spectacle de cet homme attaché comme un malfaiteur était sans doute réjouissant.

Ses deux heures terminées, J. B... réclama. Il était sous-officier et ne devait pas être puni du poteau. On lui transforma les deux heures qui lui restaient à faire en deux jours de cachot. Une couverture, du pain et de l'eau, pas de livres, tel est le régime de ce lieu de plaisance. Il en sortit abruti. Et nous nous trouvions dans un camp où la discipline n'était pas trop sévère!

On m'a raconté des choses épouvantables qui se sont passées en d'autres endroits. Dans un camp allemand, à Cassel, je crois, une épidémie de typhus éclate faisant plus de 2.000 victimes. On laisse les cadavres dans les baraques avec les survivants. Des Russes arrivent, atteints du choléra. Va-t-on les isoler? Non. On fait venir dans ce camp des intellectuels : avocats, ingénieurs, professeurs, etc. Tant mieux si ces gens périssent de la terrible maladie! C'est le système des camps de représailles institués pour faire cesser les prétendus mauvais traitements dont étaient victimes les prisonniers allemands retenus au Maroc ou au Dahomey.

Chaque fois que les Allemands veulent inaugurer une torture nouvelle, ils commencent d'abord par se poser en victimes. S'ils maltraitent les prisonniers, s'ils les occupent parfois à des travaux pénibles, s'ils leur donnent une mauvaise nourriture, c'est parce que les leurs, prisonniers en France, sont malheureux! Il est beaucoup de nos camarades dont nous ignorons le sort.

Vers la fin mai, des Russes, des Français, des Belges partirent en grand nombre pour des destinations inconnues. On assurait qu'on devait les employer à préparer des travaux de défense, voire **même à fabriquer des munitions.**

Ceci pourtant est contraire aux lois de la guerre.

Pourquoi aussi tous les blessés, tous les prisonniers qui se trouvent dans les pays envahis n'ont-ils pas le droit de correspondre avec les leurs?

En juin, j'ai retrouvé à Constance des blessés qui venaient de Noyon et qui depuis août 1914 jusqu'en avril 1915 n'avaient pu écrire à leur famille. Par humanité il serait pourtant si simple de permettre à ces malheureux de faire savoir en France qu'ils sont vivants. Que de tourments évités ainsi à ceux qui attendent toujours pleins d'espoir le retour du disparu.

Ici nous sommes des favorisés. Nous avons le droit d'écrire et de recevoir deux lettres par mois et quatre cartes. (On m'a appris ces jours-ci que maintenant la correspondance n'était plus limitée.) Quant aux colis le nombre n'en est pas limité. Cependant la correspondance avec les régions envahies de la France n'est pas autorisée.

Nous avons avec nous de malheureux camarades qui non seulement ne reçoivent jamais ni argent, ni provisions, mais qui jusqu'à la fin des hostilités ne sauront rien des leurs.

Nous devons le salut aux officiers allemands que nous croisons dans le camp. J'admets cela mais ce que je ne puis comprendre c'est que l'on n'exige pas des soldats allemands le salut aux médecins français qui sont avec nous.

Si les soldats, les sous-officiers surtout se montrent un peu bourrus, parfois brutes, les officiers

sont en général assez corrects. Ce sont presque
tous des hommes âgés. Quelques-uns sont gro-
tesques.

L'un d'eux, un Herr Hauptmann, un capitaine,
fait la joie du camp. On l'a surnommé *papier* (pro-
noncez papir). Il ne peut voir en effet traîner un
bout de papier et chaque fois qu'il en aperçoit un
à terre, il le fait ramasser par un prisonnier.

Sa grande occupation est aussi de se faire saluer. Il crie du plus loin qu'il aperçoit un prisonnier : « Voulez-vous me *saluter* » (j'emploie l'expression exacte dont il se sert).

En Allemagne, pour rendre les honneurs à un
officier, on se met au garde à vous si l'on est au
repos, on salue de la main si l'on marche. Tous
nous nous empressons de faire le contraire. Il
pousse alors des cris épouvantables. Un après-
midi j'étais avec mon camarade T... du même
régiment que moi. Il est artiste au théâtre du
Palais-Royal. Notre homme vient à passer. Le
camarade T... se met au garde à vous et salue de
la main droite. Rugissements formidables de l'officier. L'ami T... prend un air hébété et salue des
deux mains. C'est comique, nous rions comme
des fous.

Le capitaine, convaincu qu'il a affaire à un simple d'esprit, s'en va, sans insister, en levant les
bras au ciel.

Ici au camp, comme à l'hôpital, le Français se
montre ce qu'il est, toujours gai, toujours espiègle,
toujours gamin, toujours indépendant.

COMMERCE ET INDUSTRIE

Dans un milieu comme celui où nous vivons, où manquent les objets utiles à la vie courante, où l'on ne peut trouver facilement tout ce dont on a besoin comme nourriture, dans cette agglomé-ration de plusieurs milliers d'hommes de toutes classes dont quelques-uns étaient habitués au luxe, des industries et des commerces de toutes sortes devaient prendre naissance.

Les commerçants se procurent au dehors les marchandises nécessaires, soit par l'intermédiaire de ceux qui travaillent au dehors, soit par l'intermédiaire des Allemands eux-mêmes qui se laissent parfois... souvent tenter par un bon pourboire.

En dehors des cantines (il y en a quatre, une par bataillon) on vend un peu de tout au camp : du café, du thé, du sucre, de l'alcool à brûler, du rhum, des œufs, de la salade, de la viande même, du tabac. Inutile de courir bien loin. Dans les baraques circulent des marchands qui vous font l'article.

Un homme passe en criant : Café! Moyennant cinq pfennigs (six centimes vingt-cinq) vous avez un quart de jus. Oh! ce n'est pas du moka, mais tel qu'il est, il réchauffe un peu. Mystérieusement un autre s'approche de vous : « Un petit verre de rhum? » dit-il. Et de sa capote, après avoir jeté tout autour de lui un coup d'œil rapide et interrogateur, il sort une bouteille ou un bidon.

Sur la plage il fait chaud. Des tentes se sont montées. On se sert pour cela de toile, de capotes. Il fait chaud et l'on a soif. Inutile de courir jusqu'à la baraque. Voici les marchands de citronnades et de limonades. On se croirait à Longchamp un jour de revue.

Il vous manque des cigarettes, du tabac, des allumettes?

Appelez ce Russe qui passe là-bas avec deux musettes pleines. Il vous procurera tout ce qui vous est nécessaire.

Pendant quelque temps la mode a été aux jeux de hasard. Une planche avec des numéros, des couleurs. La roue tourne. Il y a un gagnant, deux, trois. C'est une question de concurrence. On se croirait, ma foi, transporté à la foire aux pains d'épice. Que gagne-t-on à cette loterie? Des cigares, des cigarettes, des noix, etc.

Il y avait aussi des jeux d'argent. Mais sur l'intervention même de quelques sous-officiers français ils ont été interdits. En cela on a eu raison. Bon nombre de prisonniers, dont les familles peu fortunées se privent cependant pour leur envoyer quelque argent, laissaient là les quelques sous qu'ils possédaient.

Où les prisonniers se montrent vraiment extraordinaires c'est dans la fabrication des objets de première nécessité qui leur font défaut.

Ceux qui sont arrivés avant nous, ceux qui sont là depuis des mois, prévoyant que leur captivité serait longue, se sont arrangés pour vivre, sinon confortablement, du moins le mieux possible.

J'ai visité quelques baraques habitées par quelques-uns de ces vieux exilés. Il y a des lits, des lits grossiers montés sur quatre pieds. Figurez-vous une boîte longue et étroite. C'est simple, rustique, mais commode. En hiver surtout, quand les paillasses risquent de traîner dans la boue que l'on apporte avec les chaüssures, quand les baraques sont insuffisamment chauffées (on allume les poêles deux fois par semaine, je l'ai dit déjà) ce lit doit paraître bien bon.

Des caisses sont accrochées au mur, ce sont les armoires. Quelques planches, quatre pieds, voilà une table, un tabouret. Et ce mobilier primitif semble une merveille quand on a vu les baraques toutes nues avec des paillasses traînant à terre.

Le charbonnier est heureux dans sa hutte, le paysan l'est aussi sous son toit de chaume. Ils sont chez eux. Les prisonniers, eux aussi, se sont créé un home, un chez soi, qu'ils ornent et qu'ils embellissent chaque jour.

J'avoue humblement que j'eus un sentiment d'envie quand je visitai quelques jours après mon arrivée trois de mes amis à la baraque 5. Leur installation était presque luxueuse. A la fenêtre il y avait des rideaux. Il y avait même, et cela donnait un petit air de fête à cette prison, des fleurs, de simples fleurs des champs que l'on avait mises, à défaut de vase, dans une boîte de conserves vidée de ses petits pois.

Pour manger la viande, je ne parle pas de celle que fournissent les Allemands mais de celle achetée au camp ou reçue de France, il faut des fourchettes, des couteaux. On en fabrique avec des manches en bois ou en fer. J'ai rapporté deux fourchettes que je conserve précieusement comme souvenir. L'une, faite par mon camarade R..., a été taillée à même le bois ; l'autre, fabriquée par un Russe, a été façonnée avec une douille de cartouche et du fil de fer.

Où tous ces ouvriers se procurent-ils les outils, la matière première ? Mystère ! Malgré la rafle des gamelles de cuivre et d'aluminium dans le camp on trouve encore moyen de se procurer tout ce qui est nécessaire à la fabrication des objets de première nécessité ou même de luxe. Les boîtes de conserves de toutes grandeurs, de toutes tailles, sont gardées précieusement. On les transforme en quarts, en seaux, en casseroles, en lampes à alcool, en filtres.

Lorsque j'ai quitté le camp au commencement de juin, notre ménage commençait à se monter. Nous avions une planche pour poser nos affaires et un garde-manger. J'avais un ratelier pour mes pipes. Mais, chose utile par-dessus tout, nous possédions une lampe à alcool.

Notre ami T..., un ouvrier habile, nous avait dotés de ce précieux ustensile. La première fois que nous nous en sommes servis ce fut pour faire une excellente omelette au lard dont le souvenir me réjouit encore. Il nous confectionna aussi un filtre dans lequel, à peine terminé, nous préparâmes, avec du café de France, un de ces jus dont nous garderons le goût toute la vie. Je parlais de la joie de jouer à la dînette. Que dire de celle que nous éprouvons à faire comme Robinson dans son île? Nous trouvions ainsi l'occasion de passer le temps et d'oublier un peu que nous étions loin des nôtres.

Que dire du commerce et de l'industrie de luxe? Il paraît qu'au commencement les places publiques étaient transformées en véritables foires où tous ceux qui avaient besoin d'argent, les Russes surtout, vendaient tout ce qu'ils possédaient. Vêtements, bidons, gamelles, bottes, et même les icones, images représentant la Vierge et les saints, tout se vendait, s'achetait. Ceux qui avaient quelque argent recueillaient toutes ces choses comme souvenirs. Maintenant ce commerce a cessé.

Cependant on fabrique au camp des bagues en aluminium, des tabatières en bois sculpté. J'ai vu des violons fabriqués avec des boîtes à cigares. Les virtuoses en tiraient des sons magnifiques. Ce sont de véritables merveilles qui sortent des ateliers de ces ouvriers ingénieux.

Au moment où je quitterai le camp deux choses sont à la mode. C'est d'abord un petit fétiche, une cocarde aux couleurs nationales. Cela fait fureur. Ce sont ensuite les diseurs de bonne aventure. Des prisonniers malins, sachant qu'ils pourront toujours exploiter la crédulité publique, se sont avisés de prédire l'avenir à leurs camarades. On va les consulter et, moyennant cinquante pfennigs ou un mark, ils dévoilent le passé, le présent ou le futur. Au début il n'y avait qu'un voyant, mais ce dernier ayant fait de bonnes affaires, des concurrents se sont présentés dont le nombre augmente de jour en jour.

Comme on le voit, rien ne manque dans cette ville en miniature. Il y a même un salon de coiffure, un chapelier, des graveurs.

DISTRACTIONS ET CHARITÉ

Les hommes ne pensent pas seulement à l'utile,
ils s'occupent aussi de l'agréable. Ceux qui sont
prisonniers ici ont besoin, je ne dirai pas de plai-
sirs, mais de distractions. Il en faut pour tuer les
heures longues, vides, affreusement tristes de la
captivité, pour chasser le vilain cafard qui nous
guette à chaque instant.

Le dimanche surtout le temps paraît plus long,
la captivité plus dure. Ce jour-là, nous avons la
visite de nombreux Allemands qui viennent jusqu'ici en excursion pour nous regarder à travers
les grillages comme des bêtes curieuses. Un jour
un loustic, s'adressant à eux, leur crie de loin :
« De quel côté sont les animaux? » Un autre fait
une pancarte sur laquelle il avait écrit : « Il est
défendu d'exciter les bêtes féroces. » Pour distraire leurs camarades, des prisonniers ont créé
des amusements de toutes sortes.

Pour les amateurs de jeu il y a une société de
foot-ball. Souvent des matchs se livrent entre
équipes adverses. Pour les lecteurs enragés il y

a des bibliothèques, de modestes bibliothèques
où l'on trouve des livres déjà lus bien souvent.
Une est payante. Moyennant 10 pfennigs on a
droit à un livre. L'autre, gratuite, a été montée
par les professeurs et instituteurs, prisonniers au
camp. Ils ont même organisé des cours de toutes
sortes : langue française, langue allemande, langue
anglaise, calcul, etc. Beaucoup de camarades les
fréquentaient. Tout en s'occupant un peu, en se
distrayant, ils perfectionnaient leur instruction.

J'ai eu l'occasion d'assister à une conférence
faite sur Molière. A l'issue de la conférence on
joua quelques scènes, très bien interprétées, des
Fourberies de Scapin. Les amateurs de théâtre
ont d'ailleurs l'embarras du choix. Il y en a quatre
à Alten-Grabow. Les uns sont gratuits, les autres
payants. Le prix d'entrée est de 25 pfennigs,
30 pfennigs en location. Dans les avenues, sur la
plage, vous voyez passer des hommes portant sur
le dos une affiche. En France, nous les appelons
des hommes sandwichs. Il est annoncé que mer-
credi prochain on jouera la *Mascotte* à Alten-
Théâtre. Tentés par cette annonce, quelques
camarades et moi nous avons retenu nos places.

Le théâtre est installé dans une baraque inoc-
cupée. Je m'attendais, je l'avoue, à voir une installation primitive. J'ai été, non ébloui, mais stu-
péfait. C'était mieux qu'un bon théâtre de bons
amateurs.

Il y a une scène avec un rideau, un vrai rideau
de théâtre. Il y a trois décors merveilleusement

peints. Il y a un orchestre : piano, violoncelle, violon, flûte. Quant aux artistes, ils ne méritent que des louanges, tant pour leur voix très agréable que pour leur façon charmante de tenir leurs rôles. Les costumes sont frais et non dénués d'élégance. Tous les rôles de femmes sont naturellement confiés à des hommes que l'on a, pour la circonstance, affublés de perruques. Celles-ci sortent de la maison X..., le grand salon de coiffure du camp.

Il y a des ouvreuses... oh ! pardon, des ouvreurs qui vous conduisent à votre place. A l'entr'acte il vous est possible d'aller vous rafraîchir au bar français installé au fond de la salle. Vous trouverez là de la citronnade, de la limonade, des oranges, des bonbons, des biscuits, etc., etc.

Quelques jours plus tard j'allais assister à une représentation à la Boîte à Grabow, dirigée par le camarade J. B., dont j'ai déjà eu l'occasion de parler. Ici on chante, on joue des revues. C'est à l'instar des cabarets de Montmartre. Il y a la chanson drôle, la chanson sentimentale. Bien souvent toute la salle reprend le refrain en chœur. La couverture du programme (car il y a un programme) est dessinée par le directeur. Souvent des officiers et des sous-officiers allemands assistent à ces représentations. Bien que parfois on se moque d'eux, surtout dans les revues, ils sont souvent les premiers à rire et à donner le signal des applaudissements, il est vrai que ce qui les frappe le plus c'est la musique et non les paroles car

pour comprendre l'esprit, la finesse d'une chanson, les jeux de mots de notre langue, il faut
connaître à fond le français.

J'ai assisté aussi un jour à une merveilleuse
exécution de musique classique

En dehors de ces distractions générales nous
avons les distractions quotidiennes dont j'ai souvent déjà parlé et qui sont les mêmes ici qu'à
l'hôpital : jeux de cartes, causeries, correspondance, etc.

Tous les soirs, vers cinq heures, se fait la
relève de la garde c'est-à-dire des soldats chargés
de nous surveiller. Ceux-ci défilent sur la route
qui longe le camp accompagnés par une musique
militaire que quelques camarades ont dénommé :
l'orchestre à Pezon ou à Bidel. La musique joue
un grand rôle en Allemagne, ce qui a fait dire, je
crois, à un poilu que l'Allemagne était un grand
orphéon. Déjà, à Magdebourg, nous entendions
presque quotidiennement la musique militaire.
Chaque fois qu'elle passait sous nos fenêtres, le
sous-officier anglais B... disait, en s'adressant au
caporal K... : « Musique, buffet, danser. » C'était,
sous une forme pittoresque, le proverbe : danser
devant le buffet.

Bien souvent les représentations théâtrales qui
nous sont offertes joignent l'utile à l'agréable.
Nous ne devons pas oublier que si parmi nous il
y a des heureux qui ne manquent de rien, il y en
a d'autres, au contraire, qui manquent de tout.
Pour les indigents arrivent de France des colis

envoyés par la Croix-Rouge. Mais ils sont légion ceux qu'il faut secourir et chacun d'eux reçoit souvent peu de chose. Quelquefois des représentations sont organisées à leur profit.

Si nous pensons aux vivants, il est bon aussi que nous honorions les morts. Ils sont déjà nombreux, plus de cent cinquante (j'ai appris dernièrement qu'une épidémie de typhus avait fait de nouveaux vides parmi les nôtres), ceux qui dorment leur dernier sommeil dans le cimetière du camp. Pour eux un monument sera édifié. Le plan en a été ébauché. Pour recueillir les fonds nécessaires on a prélevé sur les recettes des théâtres, on a fait des collectes.

Pauvres chers morts, qui reposez en exil, vous dormirez à l'ombre de ce monument, élevé par les soins de vos camarades et dédié à tous les soldats alliés décédés à Alten-Grabow.

Je n'ai pu, n'étant pas valide, aller jusqu'au cimetière mais j'ai deviné ce qu'il était, une grande place toute froide, toute triste, une clairière au milieu des bois sombres. Combien en ai-je vu partir pour leur dernière demeure. Des camarades les escortaient, emportant des couronnes faites avec des branches de sapin. Ceux qui sont morts au début ont été enterrés à même la terre. On a réclamé énergiquement et les autorités allemandes ont consenti à donner par la suite un cercueil à nos pauvres camarades.

SUR LE CHEMIN DU RETOUR

Vers la fin mai on vient me prévenir de la kommandantur de me tenir prêt à partir d'un moment à l'autre. Je suis fou. J'écris vite une lettre à ma femme. Quelques jours se passent. Des camarades, grands blessés comme moi, viennent me trouver pour avoir des renseignements. Les médecins-majors qui, eux aussi, attendent leur départ, m'interrogent. Je ne sais rien. Je ne puis comprendre le pourquoi de cette faveur spéciale. J'ai su depuis que j'avais été réclamé par un ambassadeur d'un pays neutre.

1er juin 1915. — Nous nous préparons à déjeuner. Notre camarade R... a reçu un poulet à la gelée. Je voudrais bien y goûter. Notre cuisinier en chef, l'ami T..., ne veut rien changer à son menu. Nous aurons du saucisson, du pâté, de la langue que j'ai reçue de Suisse.

Un sous-officier belge, interprète à la baraque 2, vient m'annoncer que je pars le lendemain. Je lui serre la main, je ris, je pleure. « Si c'est cela, dit gravement le brave T..., nous changeons le menu. » Et voilà comment ce jour-là j'ai mangé malgré tout du bon poulet à la gelée.

Toute la journée je suis surexcité. Je vais dire au revoir aux amis. Ils sont heureux pour moi mais, je le comprends hélas, ils ont le cœur gros en pensant que je vais revoir la France. L'après-midi se passe sur la plage. J'ai légué tout mon tabac à mon ami M..., échangé depuis, et tous mes colis à T... Je bavarde, je bavarde sans m'arrêter. Tout me semble beau aujourd'hui. L'ami M... me regarde. Dans ses yeux je vois des larmes. Pauvre petit ! Lui aussi est estropié, lui aussi devrait retourner en France. Je le console : « Bientôt tu partiras, lui dis-je, si cet ordre est arrivé pour moi, c'est qu'un nouvel échange se prépare. »

Le soir vient. Je prépare mon bagage. Le camarade D... met tout en ordre.

J'emporte deux musettes pleines : du linge, quelques boîtes de conserves, deux morceaux de pain et ma correspondance.

Mes lettres, avec les portraits de mes enfants et de ma femme, sont pour moi des choses précieuses. Que de larmes j'ai versées en vous lisant et relisant, pauvres chères lettres dont j'attendais l'arrivée avec tant d'impatience ! Que de larmes j'ai versées en vous regardant, mes chères aimées, vous que je ne pensais jamais revoir ! Aujourd'hui je pleure, mais ces larmes sont douces, ce sont des larmes de joie.

J'ai aussi mis précieusement de côté toutes les

adresses des parents et des camarades auxquels
je dois écrire en rentrant.

Dix heures du soir. — Nous finissons notre dernier piquet avec mon ami T... C'est la dernière
nuit que je passe ici. Bientôt je vais revoir la
France, les miens, et près d'eux j'oublierai les
affreuses heures passées. Je voudrais crier mon
bonheur. Tout seul, à voix basse, comme pour
mieux me convaincre que c'est la réalité, je répète
ces mots : « Je pars demain, c'est vrai, tout est
fini, je pars demain. »

A trois heures du matin seulement je m'endors.
A cinq heures je me réveille. Je ne suis pas long
me lever.

Sept heures, le 2 juin 1915. — Je fais mes derniers adieux. Bien des larmes mouillent les yeux.
Un sous-officier vient me chercher. Nous rencon-
trons en route le sous-officier et le soldat qui doivent m'accompagner. Ce caporal parle un peu
français, il connaît quelques mots : « Content.
Constance. France, » me dit-il. Je lui réponds en
allemand : « Ah ! oui je suis heureux de retourner
enfin là-bas. » Il est très satisfait de savoir que
je connais sa langue : « Comme cela, dit-il, nous
pourrons bavarder. »

A la porte du camp on visite mes bagages pour
voir si je n'emporte pas de lettres remises par
des camarades. Je n'en ai aucune. Nous voici
maintenant à la gare. Deux heures plus tard nous
arrivons à Magdebourg. Je regarde tout autour
de moi pour tâcher d'apercevoir quelqu'un de

connaissance. Je meurs d'envie de faire savoir à
mon ancien docteur que malgré lui je retourne en
France. Je déjeune au corps de garde.

Le soir nous arrivons à Cassel. On me conduit
de nouveau au poste de la gare : « Que désirez-
vous manger, me dit le sous-officier de garde. »
Je réclame du jambon, du fromage et de la bière.
De la bière surtout car depuis neuf mois je bois
de l'eau. Il paraît qu'on ne peut en apporter, les
soldats allemands, au poste, n'ayant pas le droit
d'en consommer.

« Je ne suis pas un soldat, dis-je, je suis un
blessé. » Et l'on fait droit à ma demande.

Autant le sous-officier et le soldat qui m'accompagnent sont aimables, polis, autant le sous-
officier qui vient de me parler est dur, arrogant.
Il me rappelle le caporal L... de Magdebourg. Il
veut me parler de la guerre, des victoires allemandes. « N'entamons pas ce sujet, lui dis-je, nous
ne serions pas d'accord. » Mes gardiens arrivent
heureusement pour me délivrer.

A onze heures du soir, nous reprenons le train.
Le matin, nous arrivons à Francfort. A la cantine
de la gare, je suis interpellé par un jeune blanc-
bec, affecté au service de la Croix-Rouge. Celui-là, comme presque tous, insulte l'Angleterre.
Il m'annonce, ce que l'on avait dit déjà dans les
journaux, que les grands blessés, renvoyés en
France, ne sont pas rendus à leurs familles, qu'on
les dirige sur la Corse et l'Algérie. Les raisons ?
Ne pas faire voir au peuple, qui s'en effrayerait,

le grand nombre de mutilés. Et puis, empêcher
les rapatriés de faire connaître à tous la manière
exquise dont ils ont été traités Je ne puis m'empêcher de lui rire au nez.

A quatre heures du soir, nous sommes à Offen-
burg, au pied de la Forêt-Noire que nous allons
traverser. C'est la partie la plus merveilleuse de
notre voyage. Nous ne nous lassons pas d'admirer
les sites sauvages, les panoramas splendides qui
défilent sous nos yeux. Tantôt nous passons sous
des tunnels, tantôt nous cotoyons un précipice
au fond duquel roule un torrent. Toutes petites,
des maisons, des usines apparaissent dans la
vallée, d'autres sont accrochées au flanc de la
montagne.

Doucement, bien doucement, le train, remorqué
par deux machines, atteint le point le plus élevé
de la ligne, 800 mètres environ au-dessus du
niveau de la mer.

C'est jour de fête aujourd'hui. Aussi, à toutes
les gares, voyons-nous des habitants et des habi-
tantes de la Forêt-Noire dans leur costume na-
tional. Autant dans les grandes villes et sur tout
le resté du parcours les gens m'ont paru tristes,
sérieux, autant ici ils sont gais, rieurs. On ne se
douterait pas que la guerre les frappe comme elle
frappe le reste de l'Allemagne.

Ce qui m'a le plus étonné, c'est de voir les campagnes. Elles paraissent désertes. Dans les
champs, on aperçoit très peu d'hommes. Seuls,
des femmes, des enfants, des vieillards, sont

occupés aux travaux agricoles. Les chevaux sont rares.

A présent, la nuit est venue. Je mange un morceau et je dors. Je me réveillerai à Constance où nous arrivons à onze heures du soir. L'inspecteur du lazaret où je dois être transporté est là. Il m'apprend que tous les camarades arrivés en avril sont toujours là et que les pourparlers pour le deuxième échange ne sont pas encore terminés. La France seule est, naturellement, responsable de ce retard.

Quelques minutes plus tard, je suis à la caserne Torkelbau. On me conduit dans une petite chambre où sont déjà sept blessés. Il est minuit, je m'endors vite car je suis fatigué.

DANS L'ATTENTE DE L'ÉCHANGE

A mon réveil, je regarde tout étonné autour de moi. Je ne sais plus où je me trouve. Où est ma baraque, où est ma paillasse? Un bon coup d'eau sur la figure, et me voilà tout à fait réveillé.

Notre vie recommence ici comme à l'hôpital.

Nous sommes environ huit cents blessés, logés dans des baraques ou dans une caserne. Ces baraques ne ressemblent en rien à celles du camp. Chacun a son lit, sa table de nuit. Quant à la nourriture, elle est à peu près celle du lazaret où j'étais.

Le matin, à huit heures, café au lait. A neuf heures, tasse de lait. A midi, soupe, viande et légumes. A trois heures, café au lait avec un minuscule morceau de beurre. A six heures, soupe (c'est un peu maigre). Deux fois par semaine, le soir, nous touchons en plus une saucisse. Pour la journée, nous recevons un petit pain.

Nous vivons ici dans une anxiété perpétuelle. Nous ne savons, en effet, si l'échange aura lieu, ni quand il aura lieu. Tous les jours, des nouvelles différentes circulent qui ont vite fait de faire le tour des baraques, ce sont, ce que nous appelons, des bateaux, des canards.

Pour passer le temps, nous jouons aux cartes. J'ai retrouvé là mon ami S..., artilleur, également amputé de la jambe droite. Nous faisons tous les deux d'interminables parties. Le soir, après la soupe, je recommence avec le sergent B... qui est dans la même chambre que moi, ou nous bavardons tous les deux.

Quelquefois nous écoutons l'infirmier allemand P... qui nous divertit en nous racontant ses infortunes conjugales.

A neuf heures nous sommes au lit. Bavardage, rire, chasse à la souris. Il y a, en effet, des souris qui, dès que la lumière est éteinte, circulent dans notre chambre à la recherche des miettes. Une nuit, l'une d'elles se noya dans un pistolet (vase de nuit des malades).

Il fait une chaleur épouvantable, nous avons souvent des orages et nous ne pouvons jamais nous endormir avant onze heures.

Pour nous distraire un peu, pour chasser le cafard qui nous tourmente encore ici, nous aurions bien la ressource de nous disputer un peu avec les Allemands dont beaucoup ici parlent français. Ils cherchent toujours l'occasion de nous parler de la guerre, d'abaisser notre pays. J'évite toute conversation à ce sujet. Je ne veux pas recommencer comme à Magdebourg, je suis trop près de recouvrer la liberté. Un jour, cependant, une sœur allemande qui causait admirablement notre langue et avec laquelle nous avons parlé quelquefois, vient nous relancer jusque dans notre chambre. Dans les journaux, on parlait de nouveau, à ce moment, des mauvais traitements infligés aux pauvres prisonniers allemands au Dahomey. « J'aimais beaucoup la France, nous dit-elle, je croyais les Français plus chevaleresques, plus généreux. Je me suis trompée. Vous êtes des Barbares. »

Le sergent B... et moi nous avons du mal à nous contenir. Très aimablement, j'essaie de défendre notre cause, je n'ose rappeler à cette Allemande les atrocités commises par ses frères. J'enrage.

« Inutile, monsieur, me crie-t-elle, je vous connais. Tenez, au dernier échange, je me trouvais ici et j'avais demandé à soigner les Français. Un soir que nous entendions le canon du côté de Belfort, je dis aux blessés qui étaient là, pour les éprouver : « Voici les Français qui arrivent. » Eh bien! monsieur, pas un de ces hommes ne s'est levé pour me dire : « Ma sœur, nous vous défendrons. » — Mais, lui dis-je, ils n'avaient pas à vous dire cela. Les Français peuvent entrer à Constance, ils ne vous feront aucun mal. — Si, monsieur, je les connais maintenant, ce sont des brutes. S'ils entraient dans la ville, je me jetterais dans le lac. »

J'avoue que je me suis bien retenu pour ne pas lui répondre: « Ce ne serait pas une grande perte. »

Et voilà comment on apprend à ces gens, qui en sont d'ailleurs convaincus que, seuls, les Allemands font la guerre loyale et que les alliés sont tous des barbares.

Ah! digne sœur allemande, vous avez eu de la chance que nous ne soyons qu'à 800 mètres de la frontière suisse! Quel plaisir j'aurais eu, si je n'avais été si près du but, à vous remettre un peu à votre place.

Le médecin qui nous soigne me dit un jour ironiquement comme je me réjouissais de bientôt revoir les miens. « Vous n'irez pas chez vous, mais en Corse. La France cache les grands blessés. »

Cette fois, à l'appui de ce dire, on me donne une preuve indéniable. Des lettres arrivent encore à Constance pour des blessés qui ont été échangés en mars. Je ne crois pas tout ce qu'ils peuvent me dire.

Nous évitons, autant que nous le pouvons, toute conversation qui pourrait être dangereuse pour nous. Il faut cependant remarquer que ceux qui sont allés au feu ou qui vont y repartir ne sont pas aussi arrogants, aussi sots.

Nous descendons quelquefois regarder les soldats allemands qui font l'exercice dans la cour. Ce sont, pour la plupart, des hommes qui n'ont jamais servi. On les fait travailler dur. Au bout de six semaines ou deux mois, on les expédie au front. Très fréquemment, nous avons assisté à des départs de troupes. Pour le moindre détachement, il y a la musique. La musique, le chant sont en grand honneur dans l'armée allemande.

Nous avons assisté aussi, à l'occasion de la fête du grand duc de Bade, à une cérémonie curieuse. Dans la cour de la caserne se trouvaient réunis tous les éléments disponibles (un peu plus d'un bataillon). Côte à côte, auprès du drapeau, se trouvaient un pasteur et un curé. Chacun d'eux parla, puis des délégués de chaque pays vinrent prêter serment, la main appuyée sur la hampe du drapeau. Tous les soldats, accompagnés par la musique, chantèrent des hymnes.

« Kolossal! » me dit un infirmier allemand.

Kolossal!!! Il n'en est pas moins vrai que ceux qui s'en vont partent la mort dans l'âme.

J'ai pu m'entretenir avec beaucoup de soldats allemands. Tous en ont assez, tous comprennent qu'on les fait tuer bien inutilement. Ils sont las, ils sont mécontents. Quelques-uns m'avouaient même, confidentiellement : « Dès que nous le pourrons, nous nous ferons faire prisonniers. »

J'ai appris par des infirmiers allemands que, quelques jours après leur départ de Constance, deux compagnies entières s'étaient rendues. Malgré leur profond découragement, tous continuent à se laisser conduire docilement et aveuglément.

Pendant notre séjour à Constance, nous avons eu deux fois la visite d'avions français qui sont allés jeter des bombes sur Friedrichshafen, près du lac. Ces jours-là on nous a fait rentrer précipitamment dans nos baraques. Les mitrailleuses ont été sorties.

Quelques camarades prisonniers, employés chez des particuliers, sont venus passer quelques jours à l'hôpital. Ils ne se plaignaient pas de la nourriture. On leur demandait seulement de fournir beaucoup de travail.

Au commencement de juillet, nous apprenons officiellement que l'échange commencera le 11. Nous ne sommes cependant pas encore complètement rassurés. Il nous faut, en effet, affronter la visite qui est faite par quelques médecins allemands. Ils se montrent très difficiles, nous dit-on, surtout pour les sous-officiers et les caporaux.

Le grand jour est arrivé. J'ai bien peur, moi aussi, que vu ma profession, on ne me renvoie dans un camp. J'ai renoncé, en effet, ici à me déclarer cultivateur. Je crains que les feuilles d'hôpital ne nous aient suivis.

Me voici devant la commission. Je tremble un peu. Une grosse partie se joue pour moi. « Soldat? me demande un major. — Soldat, dis-je rapidement. — Amputé, catégorie un un, annonce-t-il. »

Je suis sauvé, je respire. Je rentre dans la chambre en chantant. J'apprends malheureusement que d'autres camarades gradés n'ont pas été acceptés, bien que très grièvement blessés. Le soir même ils partent pour un camp. J'ai su depuis qu'ils étaient revenus et qu'on les avait **enfin échangés**.

Pourquoi cette torture inutile ?

D'autres sont définitivement retournés **en Alle-**magne. Avoir espéré jusqu'au dernier moment retourner en France et voir sombrer cet espoir, c'est à devenir fou. J'ai connu au camp d'Alten-Grabow un maréchal-des-logis d'artillerie, amputé de la cuisse, et que le médecin du camp ne voulait pas laisser partir. Pour le dernier échange, en décembre, il consentit à le comprendre sur la liste des partants : « On vous réclame, dit-il, mais vous ne passerez pas à Constance. » Cette triste prédiction s'est réalisée, et ce malheureux, invalide depuis 1914, est retourné dans un camp ; on me l'a appris ces jours-ci.

Si triste que soit le sort de ceux qui, victimes de la mauvaise volonté allemande, voient ainsi se prolonger leur douloureuse captivité, il en est d'autres plus à plaindre encore. Ce sont les malheureux qui sont morts avant d'arriver au port. Dans le cimetière de Constance dorment quelques camarades à qui la joie n'aura pas été réservée de revoir la France avant de mourir.

L'inspecteur de l'hôpital, le seul Allemand vraiment aimable que j'aie rencontré à Constance, accepte de me faire partir par le premier transport. Il vaut mieux tenir que courir. Ma belle-sœur et ma cousine qui habitent Lausanne, doivent venir me voir au passage. Je veux leur éviter quelques nuits de fatigue. Je les fais prévenir de mon arrivée prochaine. j'ai déjà écrit à ma femme : « Ne m'envoie plus ni lettres, ni argent, ni colis, je rentre. » C'est fini! Je rentre, je vais vous retrouver, je vais revivre!

Dans notre chambre nous partons tous. Cette fois nous chantons de bon cœur. Notre cauchemar ne va-t-il pas bientôt prendre fin.

RETOUR EN FRANCE

Le samedi 11 juillet, à sept heures, nous nous embarquons dans des autos. Quelques minutes plus tard nous sommes à la gare. Beaucoup de gens assistent à notre départ.

Voici devant nous le train sanitaire suisse avec tout son personnel si dévoué. Le rêve devient réalité. Cette fois c'est vrai, c'est bien vrai. Voici venir des officiers français grièvement blessés, voici venir des médecins français que l'on renvoie en France.

Quelques minutes avant notre départ, un train entre en gare. Ce sont d'autres camarades qui arrivent à Constance pour l'échange des jours suivants.

On nous distribue, dernier repas allemand, un petit pain et deux saucisses.

Un coup de sifflet. Lentement, bien lentement, le train démarre.

Nous rions, nous pleurons comme des enfants.

Quelques minutes plus tard nous sommes en Suisse.

Tout le long de la voie, dans les gares, des centaines de personnes attendent notre passage. Elles nous saluent, nous acclament, nous jettent des paquets de cigarettes, du tabac, du chocolat, des petits drapeaux, des fleurs.

Mais où la manifestation devient vraiment grandiose, émouvante, c'est dans la Suisse romande, là où l'on parle le français, là où l'amour pour la France est le plus grand.

A Fribourg déjà, des centaines de personnes ont envahi les quais de la gare. A Lausanne il y en a des milliers, et cependant il est près de trois heures du matin. Nous entendons crier partout : Vive la France! Nous ne cessons de crier : Vive la Suisse! Mon ami S..., qui est avec moi, ne peut plus parler. Nous avons une extinction de voix, mais nous ne quittons pas pour cela la portière.

Lausanne! Doucement le train entre en gare.

Dans cette foule que peuvent à grand'peine maintenir les gendarmes vais-je pouvoir retrouver ma belle-sœur et ma cousine?

Le train s'arrête. Tous ces braves gens, au risque de rouler sous les wagons, s'accrochent aux voitures, nous serrent les mains, nous jettent des cadeaux.

Tout à coup je m'entends appeler.

Les miens sont là, à quelques mètres de moi. Je ne peux descendre, mais j'ai obtenu l'autorisation de les faire monter quelques minutes.

Quelqu'un m'appelle, quelqu'un se fraye un

passage au milieu de la foule compacte. Je n'en puis croire mes oreilles, je n'en puis croire mes yeux. Ma femme est là. Ma chère petite brave est venue de Paris pour me voir plus tôt, pour m'embrasser plus tôt.

Je sens comme un éblouissement, une bouffée de sang à la tête. Elle est là devant moi. Ayant la permission de m'accompagner jusqu'à Genève, elle a pu monter dans notre compartiment. Nous nous tenons serrés étroitement, nous ne disons pas un mot, nous pleurons. Ah! comme elles sont bonnes ces larmes, comme elles soulagent le cœur! « Tu vois, dit-elle, je suis brave, je ne pleure pas. » Et ses yeux sont tout mouillés cependant.

Émue, les yeux humides, l'infirmière suisse nous regarde.

Lorsque, arrivé à Lyon, je prendrai congé d'elle en la remerciant de son amabilité, elle me répétera encore. « Je vous reverrai toujours, votre dame et vous, à votre première rencontre après un an de pénible séparation. »

Je me suis retourné vers l'ami S... et je lui crie : « S..., je te présente ma femme. » Le brave garçon est tout interloqué. Pas plus que moi il ne s'attendait à cette surprise, délicieusement douce pour moi.

Je peux à grand'peine serrer la main à ma belle-sœur et à ma cousine. Le signal du départ est donné. Le train démarre et des imprudents s'accrochent encore aux voitures.

Une acclamation formidable retentit qui nous

va au cœur, qui nous émeut : « Vive la France ! »

Notre compartiment est plein de fleurs. Nous avons des sacs entiers de paquets de cigarettes, de cigares, de tabac.

Je ne m'occupe pas de tout cela pour le moment, je m'occupe de celle que je n'ai pas vue depuis des mois. « Je ne te trouve pas changé, me dit-elle. » Et pourtant j'ai une jambe de moins, les cheveux ont un peu . beaucoup blanchi.

Nous avons beaucoup de choses à nous dire ! Et cependant nous causons à peine. Nous nous regardons... et toujours nous pleurons.

Genève. Quatre heures du matin. Il n'y a personne sur les quais. On a craint sans doute de trop grandes manifestations. Mais les abords de la gare sont noirs de monde. Le moment est venu de nous séparer, ma femme et moi. Cette fois, heureusement, la séparation ne sera pas longue. Nous nous quittons, la joie au cœur. Encore quelques jours et nous nous retrouverons cette fois pour toujours

Toutes ces émotions m'ont brisé. Et cependant il nous est impossible de dormir. Nous allons quitter cette Suisse hospitalière qui nous a fait un si triomphant accueil pour rentrer en France.

Le brouillard qui nous cachait tout se dissipe peu à peu.

Voici le Rhône, torrent impétueux qui roule avec fracas entre des montagnes à pic.

Voici Collonges. Le train s'arrête. Une compagnie nous présente les armes, une musique militaire joue la *Marseillaise*. Notre cœur est serré, si serré que cela nous fait mal.

Le général, le préfet, toutes les autorités sont là pour nous saluer.

La Suisse avait salué les blessés, la France reçoit ses enfants.

La musique a cessé de jouer. Nous crions : « Vive la France! » Oh! chère patrie, chère terre natale, comme on comprend à ces heures inoubliables quelle immense place tu tiens dans notre cœur.

On nous offre du champagne qui pétille gaiement dans nos verres. Nous buvons à la patrie retrouvée, à la grande victoire prochaine

Voici maintenant la musique qui joue *Sambre-et-Meuse*.

Ah! qu'il est doux d'entendre cet air fier, martial! Ah! qu'il est bon d'entendre sonner ces clairons français dont la voix est si claire. Nous sommes loin des fifres, des petits tambours plats, des clairons dont le son ressemble à celui des trompettes de cavalerie.

« Ça; comme dirait mon ami T..., s'il était ici, ce n'est pas de la camelote allemande. »

Le train repart. La foule nous acclame. Une musique civile joue à son tour la *Marseillaise*.

Bellegarde! Ambérieu! Nouvel arrêt, nouvelle réception.

Nous passons près du camp de la Valbonne. Des soldats accourent pour nous saluer. Nous leur jetons des cigarettes.

Lyon! Dernière étape de notre voyage. Nous allons y rester une journée puis nous serons dirigés sur Paris. J'ai télégraphié à ma femme pour la prévenir.

Voici le Rhône qui s'est considérablement élargi, étalé, depuis son entrée en France. Voici tout là-haut la colline de Fourvières avec sa basilique. Voici la gare des Brotteaux où nous allons débarquer.

La musique joue la *Marseillaise*, les soldats, les officiers nous saluent, les gens nous acclament.

Nous descendons du train après avoir pris congé de notre infirmière suisse.

Le sous-secrétaire d'État à la guerre nous reçoit.

Nous buvons encore une fois le champagne. Puis l'on nous dirige sur un restaurant de la ville. La foule s'accroche à nos autos qui peuvent à peine avancer.

Déjeuner et dîner excellents. Joli concert pour nous distraire.

Sept heures du soir. Départ pour Paris.

Sept heures du matin. Arrivée dans la capitale.

Une bonne surprise m'attend. Ma femme arrive de Suisse en même temps que moi. Je peux encore l'embrasser avant d'être dirigé sur La Chapelle où une collation nous est servie.

Court séjour à l'hopital de la rue L...

L'après-midi j'arrive chez moi.

Quelle folle joie, quelle nouvelle grande émotion! Ceux-là seuls peuvent la connaître qui ont vécu en exil. On est allé chercher mes petites filles qui sont à l'école. Et nous avons pleuré tous, et nous avons pleuré longtemps. Chère petite dernière, toi qui m'écrivais des mots si gentils, toi qui craignais tant ne pas revoir ton père, je t'ai retrouvée toi et ta grande sœur.

Oh! mon foyer. Oh! tous ces meubles, objets inanimés qui tiennent pourtant eux aussi une grande place dans notre cœur! Comme je vous retrouve avec joie. Je parcours toute la maison, et, curieux comme un enfant, je retrouve toute chose à sa place accoutumée.

Rien n'a changé! C'est toujours le même chez soi paisible, le même babillage d'enfants, la même affection douce et consolante, le même grand bonheur paisible.

Je suis heureux! Oh! comme je suis délicieusement heureux!...

TABLE DES MATIÈRES

Paris. — Imp. Levé, 17, rue Cassette. — S.

Ouvrages d'Actualité

BIBLIOTHÈQUE D'HISTOIRE ET DE POLITIQUE

La Grande Serbie, par E. Denis, professeur à la Sorbonne. 8ᵉ Édition. In-18, 2 cartes, br. 3 50

L'Italie, par A. Pingaud. Préface de E. Denis. In-18, br. . . 3 50

La Guerre, par E. Denis. In-18, br. 3 50

La Guerre vue en son cours, par Paul Leroy-Beaulieu, de l'Institut. 1ʳᵉ année. In-18, br. 3 50

La Bataille de l'Ourcq (5 et 11 Septembre 1914). Vue panoramique (0,52 × 0,92). — Livret explicatif avec cartes, par Gervais-Courtellemont. 3ᵉ Édition. Vue et Livret in-8°. . . . . 5 »

Les Pays Balkaniques, Géographie Militaire, par le Général Niox. In-18, br. 2 50

Sous-Marins et Submersibles, par M. Laubeuf, ingénieur en chef de la Marine. 30 dessins, 8 planches photo. In-8°, ill. br. 3 50

Histoire de la Marseillaise, par J. Tiersot. Ill. 8 planches photo. In-8°, br. . . . . 6 »

Souvenirs de la Cour du Kaiser, par Miss A. Topham, *traduit de l'anglais.* In-18, br. 3 50

Pro Patria — Extraits poésie, de Victor Hugo. Préface de G. Simon. Couverture de Forain. In-18, br. 1 50

La Belgique — Extraits prose, de Victor Hugo. Préface de G. Simon. Ill. 8 planches photo. In-8°, br. . . . 2 »

Petits Jeux pour nos blessés, par Solange Pellat. In-18, cart. 1 60

La Vie Militaire, par E. de Amicis. *traduit de l'italien.* In-18, br. 3 50

Chez eux, par Léon Blanchin, blessé rapatrié. In-18, br. 2 »

A l'arrière, par Jean Breton. In-18, br. . . . . 2 »

L'A B C de la Guerre Navale, par Raymond Lestonnat. In-8°, ill. 32 planches hors texte, br. . . . . 4 »

L'Alsace-Lorraine, son histoire, son héroïsme, ses aspirations, son martyre, par A. Prignet. Préface de Daniel Blumenthal, ancien maire de Colmar. In-8°, ill., br. . . . 4 »
relié 5 50

Le Soldat Serbe, par le Colonel H. Angell. 1 vol. in-18, nombreuses photographies, br. 2 50